JN074653

ビジネス学への招待

植田和男・荒井弘毅 編著

BUSINESS

中央経済社

はじめに

　本書は大学の経営・商・経済学部における標準的なプログラムで初年次，あるいは2年次に開講されるような講義科目全体についての鳥瞰的な見取り図の提供を意図している。ただし，分野横断的な統一的見解が示されるわけではなく，各分野の入門的な紹介が中心である。そうは言っても，各章に共通するのは，ビジネスの現場で日々発生するような課題に対処するための学問的な理論，ツールの解説という視点である。

　本書を通読することによって，大学入学直後の学生は，その後の4年間でどのような学問に触れることになるのかを素早く理解することができるだろう。また，この分野への進学を考えている高校生にとっても大学進学後の学習内容を予想してみるための手掛りとなろう。さらには，すでにビジネスの諸分野で活躍中だが，例えば，大学中に経済学を中心に勉強したが，自信のない会計学の基礎知識を得たい，マーケティングを勉強したが，最近急速に発展しているAIや機械学習についてどんなものか知りたい，という際にも本書は有益である。

　ビジネスを取り巻く環境は日々大きく変化している。AIを始めとして，技術は日進月歩で進化する，ESG対応を迫られる，地政学的リスクも高まっている，等である。こうした一筋縄ではいかない環境変化に適切に対応するためには，組織内外の様々な専門を異にする個人間の協働作業が肝要となる。そのためには，本書で網羅したようなビジネスの諸分野の基礎知識を総合的に把握していることが不可欠だろう。

　また，協働作業の円滑な遂行のためには，自分が単独で力を発揮するだけでなく，他者にうまく働きかけ，組織全体を活性化するような能力，ないしそれを引き出す工夫が不可欠である。これは言うまでもなく，経営学の重要な分析対象だが，本書ではリーダーシップ理論という切り口でこれに紙幅を割いている。

　Part 1は，主に経営学の紹介である。第1章では，経営資源を合理的・効率的に運用するための経営管理論が説明される。官僚制組織，ライン・アン

ド・スタッフ組織等，様々な企業組織の形態が解説され，組織の構成員の力を
うまく発揮させるために，彼らに対する誘因や権限の配分をどのようにデザイ
ンするべきかの理論が紹介される。第2章では，経営戦略の最適な選択方法に
ついて，外部環境，組織の競争力等を分析するためのPEST・SWOT分析が紹
介された後，これらの結果を利用しつつ，組織の基本戦略の組み立て方が説明
される。続いて第3章は，組織の経営資源のうちでももっとも根幹的なヒトと
いう資源をどのように管理し，活かしていくかという人的資源管理論が説明さ
れる。最近の若い人の価値観の変化にどのように対応すべきかという重要な問
題についても解説される。第4章は，国際経営論の紹介である。企業が海外に
進出するための手法，戦略のあり方が説明されるとともに，グローバル化の中
で活躍する人材にはどのような心掛けが求められるかという重要な指摘もなさ
れる。第5章は，やや視点を変えて，ビジネスにおける新技術の活用が，法制
度や倫理とどのような関係を持つかという今日的なテーマが紹介されている。
例えば，AIを活用した自動運転車が事故を起こしたとき，誰に責任があるか
といった問題である。現実の後追いになりがちな法制度の下では，法律の根幹
を左右する人間にとっての真・善・美といった概念に関する感覚を磨くことの
重要性も指摘される。

　Part 2は，マーケティング分野の紹介である。第6章では，マーケティン
グ活動の基本となるリサーチ，およびその結果の活用の仕方について，定性・
定量調査の基本から丁寧な解説が提供される。第7章は，製品や商品と消費者
を結ぶ流通について，卸・小売業の実態，サプライチェーンの概念等を含めて
理解し，流通にも多様な視点が重要であることの指摘がなされる。続く2章は，
より消費者側に立ったマーケティング分野の紹介がなされる。第8章では，
マーケティングが顧客を中心に据えた企業活動であること，その成功にはビ
ジョンに基づいた顧客とのユニークな絆づくりが肝要であることが説明される。
第9章は，より抽象的に商品やサービスを購入する消費者に迫る。自らが属し
たいサークルや共同体で価値観を共有するための購買活動，細分化された消費
者群それぞれをターゲットにするブランド戦略，購買後の評価の過程で消費者
がどのような情報処理を行っていて，それを企業がどう捕まえてその後のマー
ケティング活動に活かすべきかといったテーマが紹介される。第9章は，マー

ケティングでも盛んに活用されている人工知能やデータサイエンスに関する入門的紹介である。人工知能，機械学習，ディープラーニング，データサイエンスといった概念について，統計学の初歩も含めてわかりやすく解説されている。

Part 3 は，会計学の紹介である。第11章は，組織をその金銭的な活動から捉えようとする会計学の主要な領域，特に財務会計と管理会計の区別，それぞれの役割についてのわかりやすい解説である。第12章は，このような会計が，ビジネスの「共通言語」であり，その理解がビジネス活動に必須の条件であること，また，ルールとしての「共通言語」が，時代の要請によって様々な議論を経て変わっていくものであること等が紹介される。第13章は，より実務的に，企業の費用を整理・記述する原価計算の仕組みが説明される。原価の概念，その構成要素の産業間での相違，現行会計制度に基づいたより詳細な原価計算の仕組み，原価計算を管理会計的に利用する例等が解説される。

Part 4 は，経済学の紹介である。第14章は，マクロ経済学の基本を解説している。マクロ経済学が，どんなビジネスにとっても活動の前提となる外部の経済環境を大まかに捉える学問であること，コロナ禍での消費の減少を例にとり，経済の一部で発生した動きが経済全体に大きな波及効果を及ぼすことが説明される。続いて第15章は，最近の日本経済のマクロ的な動きについて，より詳細に，インフレや成長率だけでなく，経済主体間の資金の貸し借り，財政の現状，さらには為替レートについても触れている。第16章は，経済学を現実の様々な問題の解決に役立てる際に，最適化，均衡の概念，実証主義の姿勢が大事であることを見た後，公立小中学校における追加教員割り当てのケースでこれを具体的に説明している。第17章は，基礎的なミクロ経済学について，国際貿易における比較優位の議論を例にとって説明した後，応用例として日本を取り巻く食と農の問題を考察している。

最後のPart 5，特に第18章は，先に予告したように，ビジネス，組織の現場で役に立つリーダーシップ理論を紹介している。ここでのリーダーシップとは，組織における役職等の権限に基づいたものではなく，組織の目標を達成するために，自らだけでなく他者を活性化させる能力を指している。この章は，このような能力を開発するための基本的な方法を解説している。第19章は，伝統的なリーダーシップ概念も含めて，組織で女性がリーダーシップを発揮する

際の様々な課題について社会・組織心理学的な立場からの分析を紹介している。

　本書は2020年4月に共立女子大学に開設されたビジネス学部において，新入生が学部の鳥瞰図を得るために履修する目的で開講された「ビジネス入門」という講義を基礎としている。経済・経営・マーケティング・会計に加えて法律・統計の各分野の入門的講義を配置した科目である。科目設置後3年を経て内容も落ち着いてきたので，今回同科目を担当していない教員の書き下しの章をも加えて，より広い読者のために出版することにした。本学部では，これらの基礎分野に加えて，すでに述べたような理由からリーダーシップ教育を重視しており，学生の授業評価アンケートでは高い評価を得ている。この分野に関する2章も本書に含めた所以である。

　また，初学者のために，各章で紹介する理論がどのような現実的なビジネスの問題の解決を念頭に置いているかを具体的なケースとして冒頭に示している。その下に配置されている要約，キーワード，章末の練習問題とともに，各章の内容の理解に資すれば幸いである。出版にこぎつけるに際しては中央経済社の市田由紀子氏にはたいへんお世話になった。ここに感謝の意を表したい。

2023年3月

植田　和男

目　次

第**19**章　ビジネス社会のリーダーシップ
開発と心理学 ───────── 213

Part 1

経　営

第1章

経営管理と組織

ミニケース　われわれは日常の生活で必要なものを小売店などで購入する。例えば，A社の店舗では，お客が買った商品を精算するレジと同時に販売データを集めるPOSレジスター，仕入れた商品の検査や棚に商品を並べた状況の把握を手助けするST（スキャナー・ターミナル），商品の注文を行うGOT（グラフィック・オーダー・ターミナル）と店内の奥にあるSC（ストア・コンピュータ）を結んだ店舗システムを構築しており，単品ごとの販売状況，イベント，天気予報などを確認して予想を立てて，注文を出し，確かめるという一連の単品管理（1つ1つの商品を管理すること）がスムーズに行えるようになっている[1]。そして少量の商品を何回も運ぶことを可能とする物流システムを利用して，「必要な商品を必要なときに必要な量」だけを店頭に並べるように工夫している。A社の店舗はなぜこのような経営を行っているのだろうか。

この章で学ぶこと

- 経営資源を合理的・効率的に運用するための経営管理について学ぶ。
- 企業組織の様々な形態について学ぶ。

KEYWORD

科学的管理法　官僚制組織　ライン・アンド・スタッフ組織

1　科学と管理

19世紀後半，イギリスで起こった産業革命の進展によって機械が発明され，これまでの生産方法が大きく変わった。それまでは，人が道具を使い，手作業でモノをつくっていた手工業や家内工業から機械による生産に代わり，工場という仕組みができあがる。工場には，多くの労働者が集められ，多く製品を生

産することができるようになった。このような状況において，現場で生産する労働者を管理するという仕事が必要になった。そして，管理のやり方が労働者の作業に影響を与え，生産量などを左右することがわかった。

　当時の管理は経験と勘に基づく仕事であり，管理をする手段としては，生産量によって賃金を支払うという単純出来高給制度であった。この制度によって，生産量の増大を図ろうとしていたが，この制度は不完全であったために，この制度の運用に対して労働者が反発し，逆に作業能率を下げてしまったのである。この問題を解決するために，生産量を増大し，効率的に生産する管理のやり方を考えたのが，テイラー（Taylor, F.W.）の「科学的管理法（Scientific Management）」である。科学的管理法とは，労働者が達成すべき1日の仕事量である「課業（task）」を科学的に設定することである。テイラーは，「動作研究」によって，作業を多数の動作に分解し，「時間研究」によって，その動作に要する時間を時計で測定して，1日に必要とする作業量を課業として設定した。これが「課業管理（task management）」といわれるものである。この制度によって，課業が達成されれば，企業の立場からは生産に必要な費用が減り，労働者には高い賃金を支払うことができ，企業と労働者の双方の利益を大きくすることができると考えたのである。

　科学的管理法は人間の労働に対する管理のあり方を，従来の経験や勘に依存していた「人による管理」に代えて，「組織やシステムによる管理」の方法を明らかにしたのであり，従来，明らかではなかった管理の考え方を明らかにしたのである。

2　組織と管理

　テイラーと同時に登場したのがファヨール（Fayol, H.）である。彼は長年にわたる経営者としての経験をふまえて，企業組織全体を管理するための理論を構築し，企業目的を達成するためには，次のように6つの機能が必要であるとした。

　①　技術的機能（企業の製造や加工の活動）
　②　営業的機能（企業の購買，販売，交換などの活動）

3

③　財務的機能（企業の資金の調達と運用の活動）

④　保全的機能（企業の従業員と財産の保全活動）

⑤　会計的機能　原価計算，（企業の財務諸表の作成や損益管理などの活動）

⑥　管理的機能（経営管理の活動）

　ファヨールは，企業が存続し，発展するためには，以上の 6 つの機能を不可欠としているが，そのなかで，特に管理的機能の重要性を指摘している。その管理的機能は技術的，営業的，財務的，保全的，会計的機能を支援する機能のことである。

　ファヨールによると，管理とは「計画し，組織し，命令し，調整し，統制する」ことである。「計画」とは，将来を予測し，活動計画を決めること，「組織」とは，事業の物的および人的組織を形成すること，「命令」とは，企業のメンバーにそれぞれの仕事をさせること，「調整」とは，あらゆる活動とあらゆる努力を結びつけ，統一し，調和させること，「統制」とは，すべての活動が，あらかじめ決められた計画および与えられた命令に従って行われるように監視することである。

　ファヨールによると，以上の内容からなる管理機能は，その後のマネジメント・サイクルの考え方につながっていくことになる。

3　マネジメント・サイクルとは

　管理を構成する基本要素として，現実には計画（Plan），実行（Do），評価（Check），改善（Action）がある。計画（Plan）とは，企業環境を分析し，将来を予測して，将来の企業目標などを定め，その目標を達成するための戦略や経営計画，などを立てる活動である。実行（Do）とは，立てた計画を実行する活動である。そのためには，人々が行う仕事の分担を定め，仕事をスムーズに実施していくための責任と権限を明らかに，仕事と仕事の関係を調整することが必要になる。評価（Check）とは，行動した結果を評価する活動である。改善（Action）とは，計画と仕事の結果（実績）とを比較し，違いがある場合には，その違いの原因を調べて，必要に応じて修正を行い，次の計画にも反映させる活動である。

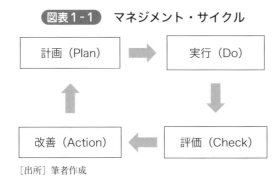

図表1-1 マネジメント・サイクル

計画（Plan）→ 実行（Do）
↑ ↓
改善（Action）← 評価（Check）

［出所］筆者作成

　管理の流れは，計画（Plan）を出発点にして，実行（Do），評価（Check），を経て，改善（Action）において得られた計画（Plan）と実績との違いの情報は，次の計画（Plan）に利用されて，実現可能な計画（Plan）を立てるために活用されるほか，実行（Do），評価の（Check），改善（Action）のも利用されて，それぞれの管理活動を修正し，結果をより良いものにしていくために活用される。このように管理の流れは，計画（Plan），実行（Do），評価（Check），改善（Action）という管理における要素がつながった活動であり，終りがない繰り返しの活動であることが特徴である。このような活動をマネジメント・サイクル（management cycle）と呼ぶ。

4　官僚制組織と管理

　官僚制組織は，極めて合理的に管理することを考えてデザインされた組織であり，マックス・ウェーバー（Weber, Max）によって名づけられた組織である。この組織では仕事が専門的に分けられ，明確な規則により仕事が行われる組織であり，組織の階層に基づいた権限があり，組織の階層に基づいて権限が明確になっている組織である。組織構造は，規則と手続きが詳しく決められており，権限が組織の上の人（例えば，社長など）に集中している集権的組織である。また，組織が高度に分業化されており，仕事が細かく分かれている組織である。

　ウェーバーは，規則を厳しく実行し，限られた範囲の専門的な仕事を行い，

各階層で与えられる権限を明らかにすることにより，大規模で複雑になっていく組織を効率的に管理することができると考えた。つまり，官僚制組織は大規模化した組織においてはうまく仕事を進めていくことのできる組織であり，機械のように正確で，効率的な組織と考えることができる。官僚制組織は組織の目的を達成するために，個人がもつ感情を排し，規則によって機械的に組織を動かしていくことであり，機械のように命令どおりに動き，命令に対しては何の疑問も持たない人々が，規則や手続きに従って行動することで，組織は最も合理的かつ効率的に管理することになる。組織内では，仕事上のはっきりと示された規定や規則に従った行動を行うことにより，部門間や人間間の対立を避けることができ，矛盾しない行動をとることができるようになる。また，官僚制組織では，命令が組織の末端まで迅速に伝わり，確実に命令が遂行されることになり，トップ・マネジメント（社長など）が正しい経営判断を行うならば，組織が環境の変化に合わせて，最も良い管理や運営を行うことができる。

　官僚制組織は組織としての目的を達成するために合理的に考えられた組織であるが，官僚制組織が有する合理的かつ効率的な管理が極端に強調されると，逆機能を生み出し，個人や組織に非効率をもたらすことになる。これがマートン（Merton, R.K.）のいう官僚制の逆機能である。官僚制組織は，規則を守り，命令に従って行動するシステムをつくり上げることによって，規則に従った最低限の仕事だけを行い，それ以上のことはしなくなってしまう守りの姿勢を生み出す。また，規則を守ることや文書の作成や保存することが仕事の目的となってしまい，組織本来の目的が忘れられてしまうという欠点を持っている。

5　組織とモチベーション

　企業は，社会に価値のあるモノを提供することで利益を得ているが，そこでは複数の人々が集まり，協力して目的を達成する「組織」として活動している。組織は，「共通目的」，「コミュニケーション」，「貢献意欲」という3つの要素をもつ人々の集まりである。例えば，サッカーのチームは，「相手チームに勝利する」という共通目的があり，チームで協力しながらプレーをして，コミュニケーションを相互にとっていると考えられるので，「組織」になる。企業も

6

同じように，組織目標を達成するために，組織にいる人々の意欲を引き出し，皆で協力しながら，組織のために頑張っているのである。

　企業という組織にいる人々の貢献を得るためには，組織にいる人々にお金や地位，名誉などを提供し，やる気を出してもらうことが必要がある。この組織から提供されるお金や地位などを「誘因」という。組織がもたらす誘因と組織にいる人々が提供する貢献が同じ程度になることとで組織が成り立っている。すなわち，人々が組織に対して提供する貢献に対して，組織はそれと同じか，それ以上の誘因を示す必要があり，これによって人々は組織に参加し，協力して仕事をする意欲を示すことになる。組織にいる人々が協力して仕事を行い，良い結果を出すために必要な要素の１つが人々のやる気である。このやる気のことを「モチベーション」という。モチベーションとは，個人に特別の行動を積極的にとらせるための力であり，人々が企業の目的を達成するために，仕事を積極的に行うように仕向けるための管理者の管理活動である。このようなモチベーションという活動は，経営管理活動の重要な要素である。

　モチベーション研究として，マズロー（Maslow, A.H.）の「欲求段階説（Hierarchy of Needs Theory）」をあげることができる。この理論は，**図表１－２**のように，生理的欲求，安全欲求，社会的欲求，尊厳の欲求，自己実現欲求の５段階に人間の欲求を分類し，人間はこの順番で欲求を満たそうとするものである。

① 生理的欲求（physiologicai needs）とは，人間が生存するために必要とする欲求である。例えば，食物，飲物，休息などを得たいという欲求である。

② 安全欲求（safety needs）とは身体的危険から身を守る欲求，肉体的および精神的な意味での安定を得たいという欲求である。

③ 社会的欲求（social needs）とは集団の一員でありたいという帰属感，所属感を求めることである。また，他者に対する友情や愛情を与えたいとか，あるいはそれらを受け入れたいという欲求である。

④ 尊厳の欲求（esteem needs）とは自分の能力や資質，仕事や地位などについて，他者から尊敬を得たいという欲求である。これは，自我の欲求ともいう。

⑤ 自己実現欲求（self actualization needs）とは自分の能力を発揮したい，

図表1-2 マズローの「欲求段階説」

[出所] 小口忠彦監訳（1971）『人間性の心理学』，p.83を参考に筆者作成

　自分が気づいていない潜在的な能力を開発したい，自分の成長機会を得たいという欲求である。

　例えば，生理的欲求が満たされていないときは，それがモチベーションのきっかけになり，一方，生理的欲求が満たされていれば，それはモチベーションの要素にならず，次の安全欲求がモチベーションの要素となる。マズローの理論は，多くの研究者に影響を与え，ハーズバーグ（Herzberg, F.）の「動機づけ-衛生理論（Motivatior-Hygine Theory）」やマクレガー（McGregor, D.）の「X・Y理論（Theory X-Y）」，アージリス（Argyris, C.）の「成熟-未成熟理論（Immaturity-Maturity Theory）」など，新しい理論が多く生み出された。

6　組織の分業と管理

　組織として役割分担をしながら，横方向に部門を分けていくことを水平（機能別）分業といい，材料や部品を買う購買部門，モノを造る生産部門，出来たモノを売る販売部門，お金の出入りを計算・記録する会計部門などに分けられる。企業内のいろいろな機能は横方向に分かれるだけではなく，縦方向にも分かれる。組織における機能が縦方向に分かれることを垂直（階層別）分業という。具体的には，管理する役割が階層別に分かれていくことである。企業規模

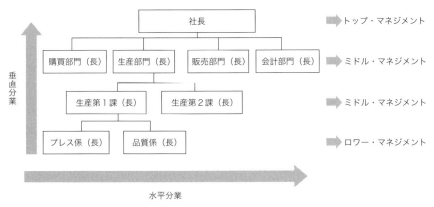

図表1-3　水平分業と垂直分業

[出所] 筆者作成

が拡大し，経営活動が複雑になるにつれて，1人では企業を経営していくことが難しくなり，多くの人と共に仕事を行っていくことが必要になる。そのためには，管理をする仕事を組織の縦方向に分けていくことが必要になる。管理の役割を分けることは，企業のあらゆる活動を指示したり，その活動の結果を評価することを主な仕事とするトップ・マネジメント（例えば，社長），購買，生産，販売，会計などの各仕事をスムーズに，効率的に行うことを主な仕事とするミドル・マネジメント（例えば，部門長），現場の日々の仕事内容や職場の環境を良くしたり，作業者とコミュニケーションを図ったり，現場を監督するなど，現場の作業者に直接結びついた仕事を主なる仕事とするロワー・マネジメント（例えば，係長）という3つの階層で捉えることができる。

　水平方向と垂直方向に分かれたそれぞれの仕事は，それぞれの担当者によって実行されるが，ほかの仕事との関連性を考慮することなく，個々ばらばらに遂行されていては，企業目的の達成にとってマイナスである。そのために，仕事や部門間の関係を調和のとれた状態にすることが重要であり，そのために「調整」が必要になる。例えば，販売の仕事を実行する場合，原材料の購買や製品の加工などの仕事が調和するように調整しなければならない。このように，個々の仕事や部門は，組織全体の一部を構成する部分的な機能として捉えることができるのである。

7 組織のデザイン

7.1 ライン組織とファンクショナル組織

　ライン組織（line organization）は，社長から現場の作業者まで，1本の指揮命令系統で結ばれている組織の形である。この組織では，命令は1人の管理者から部下に伝えなければならないという「命令一元化の原則」が厳しく用いられる。ライン組織では，指揮・命令系統が社長から作業者まで一本の線で結ばれているので，社長の命令が現場の作業者まで伝わり，組織の人々の行動が命令どおりに実行されたものになる。しかし，企業の規模が大きくなるにつれて，ライン組織では，社長の仕事に重い負担がかかるようになる。社長の負担を軽くするために，組織の縦方向にある管理の階層を増やして，社長の仕事を部下にやってもらうのも1つの方法である。ライン組織の形は，規模が小さな企業にとって役立つ組織である。

　また，ファンクショナル組織（functional organization）は，購買部門や生産部門，販売部門などのミドル・マネジメント（部長や課長など）の管理者から部下に対して指揮・命令を行う組織の形である。複数のミドル・マネジメントの管理者から1人の部下に対して，指揮・命令されるという命令系統が形作られるのが，この組織形態の特徴である。

　ファンクショナル組織では，ミドル・マネジメントの管理者が専門的な知識や技術を活かして指揮命令を行うことができるし，特定の仕事ごとに，部下は経験を積み，能力を高めることができる。しかし，複数の部門の管理者から1人の部下に対して指揮命令されるので，矛盾した指揮・命令が行われた場合，混乱するおそれがある。

7.2 ライン・アンド・スタッフ組織

　ライン・アンド・スタッフ組織（line and staff organization）は，ライン部門とスタッフ部門が1つになった組織である。この組織では，企業の規模が大きくなっても，ライン部門では社長の命令が現場の作業者まで伝わる「命令一

図表1-4　ライン組織・スタッフ組織・ライン・アンド・スタッフ組織

①ライン組織　　　　②スタッフ組織　　　③ライン・アンド・スタッフ組織

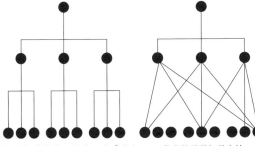
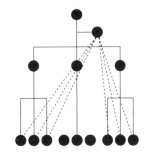

［出所］藤芳誠一編（1999）『ビジュアル基本経営学』学文社，p.97

元化」の原則が徹底され，スタッフ部門ではライン業務を支援したり，トップ・マネジメントの業務をサポートする組織である。

　ライン・アンド・スタッフ組織は，企業の規模が大きくなっても，ライン部門の「命令の一元化」が保たれ，企業全体の秩序を維持することができる。また，スタッフ部門の専門的な支援やアドバイスを得て，ライン部門の管理者の能力の限界をカバーし，専門的な知識や技能が補われる。

　これらスタッフ部門は，それぞれの専門性を活かして，ライン部門の仕事やトップ・マネジメントの経営管理の仕事を支援し，アドバイスなどを与える働きを行う。

7.3　事業部制組織

　これまでとりあげた３つの組織の形は，経営活動に対して決定し，命令する権限がトップ・マネジメントの社長のところに集中したものであった。このように，決定・命令権が，トップ・マネジメントに集中している組織を集権的組織という。企業規模がどんどん大きくなり，企業全体の管理が複雑になってくると，トップ・マネジメントの決定・命令権の一部を下位の部門に譲った方が，社長を中心とするトップ・マネジメントは本来の経営活動に集中できるようになる。また，企業を取り巻く環境の変化に素早く対処していくためには，できるだけトップ・マネジメントの決定・命令権の一部を現場に近い部門に譲る方

11

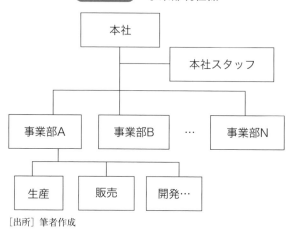

図表1-5 事業部制組織

[出所] 筆者作成

が有効である。このように，トップ・マネジメントの決定・命令権の一部を，下位の部門に譲った組織を分権的組織という。いろいろな種類のモノを作り，販売してビジネスを行っている企業に採用されている分権的組織の形を，特に事業部制組織と呼んでいる。

　事業部制組織は，製品別，地域別，顧客別にまとまった組織にしたものであり，これら事業部ごとに購買，生産，販売などの中心となる役割が実行されていくのである。

8　まとめ

　経営管理とは，企業は激しく変化する環境の中で組織を維持・存続させるために，組織を構成する人々に対して指揮命令や動機づけを行い，組織の目的を達成する活動である。企業は組織内の様々な業務活動を効率的に遂行するために，組織の能力を最大限に発揮するような組織運営を行う必要がある。一般的に，経営組織は組織の管理に必要な権限の配分をどうするかによって集権的組織と分権的組織に分類することができる。権限とは，組織の管理運営上，必要な意思決定を行い，部下に命令し，指示に従わせることによって，自らの職務

を公に遂行することのできる力である。

「集権的組織」とは，組織の管理方法として権限を上位の組織階層に集中させる管理形態をとる組織である。組織の管理に必要な権限を組織の上位者に集中させることによって，組織の経営活動の統一を図ろうとする組織である。これに対して「分権的組織」とは，権限を組織階層全体に委譲ないしは分散させる管理形態をとる組織である。意思決定に必要な権限の重要な部分を含めて，権限を下位の組織階層に分散させることで，組織の各部門の状況に適したフレキシブルな経営活動を意図する組織である。実際の組織は，それぞれの企業の歴史的経緯や組織文化，企業を取り巻く環境要因などによってそれぞれの組織デザインを行っている。

練習問題

1　「必要な商品を必要なときに必要な量」だけを店頭に並べるように工夫して経営を行うという考え方は，トヨタ自動車が考案した管理システムを応用したものであるが，このシステムについて調べてください。
2　興味のある企業の組織図を調べ，その組織がどのようなデザインを採用しているか，調べてください。

注

1　セブンイレブン・ジャパンのHPを参照（https://www.sej.co.jp/company/）

参考文献

今井斉（2004）『アメリカ経営管理論生成史』文眞堂
金井壽宏（2005）『リーダーシップ入門』日本経済新聞出版社
鈴木秀一（1995）『経営文明と組織理論―マックス・ウェーバーと経営官僚制研究』学文社
Barnard, C.I.（1938）*The Functions of the Executive*, Cambridge（山本安次郎・田杉競・飯野春樹訳（1968）『経営者の役割』ダイヤモンド社）
Fayol, H.（1960）*Administration industrielle et générale*, Dunod（佐々木恒男訳（1972）『産業ならびに一般の管理』未来社）
Maslow, H.（1954）*Motivation and Personality*, Harper & Row（小口忠彦監訳（1971）『人間性の心理学』産能大出版部）
Merton, R. K.（1957）*Social Theory and Social Structure*, ch.I Manifest and Latent

Functions, Glencoe Ill: The Free Press（森東吾・金沢実・森好夫訳（2005），現代
社会学大系13『社会理論と機能分析』青木書店）

Taylor, F.W.（2006）*The Principles of Scientific Management*, COSIMO CLASSICS,
Cosimo.Inc（有賀裕子訳（2009）『［新訳］科学的管理法』ダイヤモンド社）

第 2 章

起業に生かす経営戦略の理論

ミニケース Aさんは，大学のビジネス学部在学中にケーキとパンの作り方も学びたくて，夜間の菓子専門学校にも通い始めた3年生である。経営学やマーケティング，会計の知識を学ぶだけでなく，菓子職人かパン職人の資格もとれればいいな，との希望を胸に抱いていた。4年生になり無事に資格をとり大学も卒業できることとなった。そして卒業前に，市内にある空き店舗を低額（3万円／月）で貸し出す市の制度があることを知り，元パン屋だったお店を借りることができた。厨房の機械類も使用可能な状態であると前店主から聞き，看板と壁紙だけを張り替えて使用することにした。

　周辺を歩き回ると，近くにチェーン店のパン屋さんやケーキの専門店があり，「どんな感じのお店にすべきか」「高級品を作ればよいのか，100円ケーキで集客した方が良いのか」など店の方針が定まらない。そこで経営戦略論で学んだノートを参考にしながら検討することにした。果たしてAさんは，経営戦略理論をもとに自店の進むべきベストな方向性をどのように決めればよいのだろうか。

この章で学ぶこと
- 自社（自店）の環境の良し悪しを分析する方法を理解する。
- 最適な経営戦略を作成する方法を学ぶ。

KEYWORD

経営戦略　戦略策定プロセス　PEST分析　SWOT分析　基本戦略

1 経営戦略とは何か

1.1 経営戦略の語源と定義

戦略は英語でStrategy（ストラテジー）と書くが，語源はギリシャ語のStrategosである。Strategosは，Stratos（＝将軍）とago（＝導くこと）を組み合わせた言葉であり，「（戦争における）将軍の策略」という意味である（David，2011，p.21）。

元来，軍事用語としてしか使用されていなかった「Strategy」は，1950年代に入り，アメリカにおいて企業の数が増え企業間の競争が激しくなってきた頃，ビジネス界や企業経営を対象とする学問（経営学）領域において，軍事用語を転用するかたちで「経営戦略」という言葉が使われ始めた。

経営戦略とは，「企業（組織）がその目的や目標を達成するための手段」と定義される（グラント［2019］p.19を一部修正）。企業にとっての目的や目標とはどのようなものなのだろうか。例えば，東京ディズニーランド，ディズニーシーを経営する㈱オリエンタルランドの場合，経営理念の中にそれをみることができる。

＜㈱オリエンタルランド（東京ディズニーランド）の経営理念＞

> 「自由でみずみずしい発想を原動力に，すばらしい夢と感動，ひととしての喜び，そしてやすらぎを提供します」（同社ホームページ）

同社にとってはすべての来園者に，夢と感動，喜び，安らぎを感じてもらえるようになることが目標・目的となる。現在はその80%が達成しているとするなら，最終的には来園者の100%が感じられるようになるのが同社の理想像となる。このように，企業が理想とする到達目標を内外に明示したものが「経営理念」なのである。なお，欧米の企業の場合は，Mission（使命），Vision（将来像）という言葉で経営理念を表すことが多い。

経営戦略とは，最終目標・目的と現時点（現実）とのギャップ（差）を埋め

16

る最良の手段のことである。そのため，無限にある手段の中から，いかに良い手段＝経営戦略を策定するかが企業や事業を成功させるために考えなければならない点である。

　本章冒頭のケーキ店の開業の場合，まず目標・目的をどこにおくかが重要となる。その目標とは例えば「どのようなケーキを提供し，人々がどうなってほしいのか」という目指すべき目標を描くことが必要である。そしてその目標に至る無限のルート（経路）の中から最適なルートを選択または創造することによって最良の経営戦略が構築されるのである。

1.2　組織の階層と戦略の種類

　ケーキとパンを製造・販売する企業を想定してみよう（**図表２−１**参照）。この企業の場合，まず経営者（社長）が考えるべきは店舗全体（企業全体）の戦略であり，これを「企業戦略」という。また，ケーキ事業部の事業部長はケーキに関する戦略を，パン事業の事業部長はパンに関する戦略を考えなければならない。こうした事業部ごとの戦略を「事業戦略」という。そして各事業部では各々，商品開発，製造，販売・接客という機能を担っている。そこで，この機能ごとに考えるべき戦略を「機能戦略」という。このように，どの企業も組織のレベルに応じた戦略が必要になるのである。

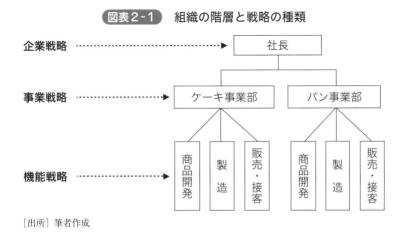

図表２−１　組織の階層と戦略の種類

[出所] 筆者作成

2 経営戦略の策定プロセス

経営戦略を策定するプロセスについては統一したものがなく，多くの研究者やコンサルタントにより異なるプロセスが提示されてきた。そのため共通するエッセンスを取り出して作成したのが**図表2-2**である。ここでは，同図表に従いながら経営戦略の策定プロセスをみていこう。

（1）経営理念（ビジョン，ミッション）を作成する

これは前述したとおり，企業の将来像や存在意義，最終目標などを盛り込みつつ，簡潔でわかりやすい理念を作成する。

（2）環境分析

中国・春秋時代の武将である孫子が著した戦略書『孫子の兵法』には「彼を知り己を知れば百戦殆うからず」という有名な名言がある。これは，敵のことを十分調べ，自分の能力や戦力を熟知していれば何度戦っても負けることはないという意味である。

企業の場合も，自社の外部の動向と自社内の状況を詳細に調べることにより自社と他社の立ち位置が客観的に把握できる。このとき，自社外の状況を外部環境，自社内の状況を内部環境と呼ぶ。企業は環境に適応できなければ，生物と同様に滅びてしまう。環境変化の原因と自社の強みや弱みを明確に分析できれば，自社の進むべき経営目標が設定できる。環境分析の際，PEST分析，SWOT分析等を使用するが，それらの内容は後述する。

（3）経営目標の設定

外部環境の状況と自社の能力（強み，弱み）が把握できれば，目標を設定することができる。通常は，3〜5年先の目標（中期目標という）を設定し，ほとんどの企業は目標となる数値を掲げている（「5年後に売上30億円を達成する」「3年以内に県内30店舗を開設する」など）。

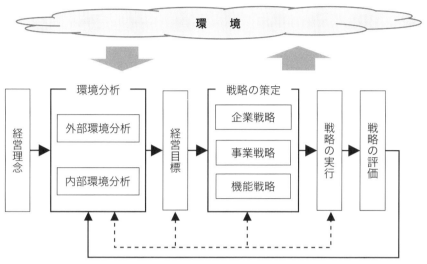

図表2-2 経営戦略の策定プロセス

環　境

環境分析
　外部環境分析
　内部環境分析

経営理念

経営目標

戦略の策定
　企業戦略
　事業戦略
　機能戦略

戦略の実行

戦略の評価

［出所］中山他（2018）p.98, Hofer & Schendel（1978）（訳書　p.55）, Kotler & Keller（2012）, p.48により筆者作成

（4）戦略の策定

　経営目標を設定した後，その目標達成へ向けた戦略をレベル別に策定する。企業としての戦略である企業戦略，事業部ごとの戦略である事業戦略，機能ごとの戦略である機能別戦略を立案し策定する。

（5）戦略の実行と評価

　戦略を実行し，その後，その戦略の実行効果があったのかどうかを評価し，その結果を次の経営戦略の策定に生かしていく。ただ，近年は環境が安定しておらず変化の激しい時代である。そのため，当初予定し計画していた戦略を実行する中で，環境が急変することがある。その際，予期しなかったことや偶発的な事象に適応する中で形成される戦略があり，これを「創発型戦略」という（Mintzberg, 1978）。こうして，実際の戦略実行段階においては当初計画していた戦略と創発型戦略の2種類が併存することになる。

　例えば，ケーキ屋の創業に当たって，ショートケーキ，モンブラン，チョコ

レートケーキの3種類を主力メニューとし，開店時からそれらを販売し始めたとしよう。しかし，その後近所に大規模な高齢者施設が完成し，お年寄りの顧客が徐々に増えてきた。これを機に，お年寄り向けの漢方ケーキと砂糖不使用のケーキを作って並べてみたところ，大変な人気商品となった。そこで漢方入りケーキと砂糖を使用しないケーキの種類を増やし，主力メニューに加え宅配業者とも連携する戦略を採用することにした。こうした，環境変化の中で新たに創出された戦略が「創発型戦略」なのである。

3 環境分析

3.1 外部環境分析としてのPEST分析

外部環境を分析するための道具として有名なのは，1967年にアメリカ人のアギラーが開発したPEST分析である（Aguilar, 1967）。自社を取り巻く外部の環境に関して，P＝Politics（政治），E=Economy（経済），S=Society（社会），T=Technology（技術）の4視点から，自社の経営に影響を与えると予想されるポイントを列挙することで作成できる。以下において，PESTの各要素について詳しくみていきたい（Sammut-Bonnici & Galea, 2014）。

（1）P：政治・法律

政治や法律，制度の変化で自社に影響を与えるもの。例えば，金利が下がれば借金の利息が少なくて済むので，企業も個人も借入金が増えて，住宅や車を購入する人が増えることが予想される。そのほかに，法律・制度の改正，規制の強化・緩和，税率が上がった（下がった），補助金制度の創設，政権が交代した，環境規制が強化された，海外で戦争が勃発した，自治体の政策変更などの例があげられる。

（2）E：経済

経済の動きの中で自社に影響を及ぼすもの。経済成長率（景気が良いか悪いか），金利，為替，物価が上昇（下降）しているか，賃金が上がっているか

（下がっているか），失業率（失業が増えているか否か），生活費が上がっているか否かなど。

（3）S：社会

　消費者の生活スタイル，生活意識の変化の中から自社に影響する要因。人口増加率，高齢化（高齢者の割合），ファッションの変化，働き方の意識，環境意識，安全意識，富裕層・中間層の増減など。

（4）T：技術

　次々と生まれる新技術の中で自社に影響する要因。人口知能・ロボット技術，新素材の開発（人工のクモの糸でできた洋服など），新工法（木造の高層マンションなど），空飛ぶ車の開発など。

　ある化粧品メーカーのPEST分析結果（例）を以下に示す。

P：ウィルスの流行による外出自粛規制の強化。給付金制度決定。
　　担保・保証人不要の国の無利子融資制度（5千万円まで）開始。
E：ウィルスの流行により外国人観光客が減少。金利は低下傾向のため銀行融資を受けやすい。円安傾向が続く予定のため輸出に力を入れることで売上増が見込める。円安のため化粧品の原材料が値上げ。
S：テレワークの普及により自宅での滞在時間が増加。全般に化粧品は低迷だが，マスクに付着しない化粧品が人気。マスクをしても見える部分の化粧品（アイシャドー，マスカラ，アイブロウなど）に一定の需要あり。ヘアケア関連（シャンプー，リンス，ヘアカラーなど）も人気。
T：マスクに付着しない化粧品の開発・販売競争が激化。SNSでの新製品の販売促進が有効。YouTuberと提携し越境ECを活用する企業が増加。

［出所］筆者作成

3.2　SWOT分析

（1）パーソナルSWOT分析

　個人向けのSWOT分析を学ぶことで，企業向けの分析方法が理解しやすくなる。そこで，まず個人を対象にしたSWOT分析を行う。

① S（強み：Strength）

　自身の目標達成に少しでもプラスになるもので，自らの強みに該当するもの（得意なこと，趣味，スキル，資格など）を書く。

② W（弱み：Weakness）

　自身が目標を達成しようとする際，マイナスになるもので自らの弱みに該当するもの（苦手なこと，克服が難しいこと，取得すべきスキル，不利な点，不足していることなど）を書く。

③ O（機会：Opportunities）

　自身の目標達成にプラスに働く外部要因について記載する。周辺人口の増加，原材料価格の低下，ライバル店の撤退，などを記載する。

④ T（脅威：Threat）

　自身が目標を達成するに当たって脅威（マイナス）となる外部要因のこと。目標達成を妨げる要因，障害となる事項を記載する。

　図表2-3は，幼稚園教諭を2年経験した後，海外の語学学校で英語教育法を学び，児童向けの英語塾を開業する際のSWOT分析例である。

図表2-3　児童向け英語塾のSWOT分析

S	W
● 誰よりも子供が大好き。 ● 幼稚園教諭の免許あり。 ● 幼稚園で2年間教えた経験あり。 ● 児童とのコミュニケーション能力は高い方である。 ● ホームページの作成技術とSNSの発信方法は他者より得意である。	● TOEICの得点が目標より低い。 ● 自分自身の行動管理，時間管理があまり得意ではない。 ● 自分や塾を売り込む能力が不十分 ● 自分1人では事務作業が多過ぎるため，同じ目的を持つ友人の助けを借りる必要がある。
O	T
● 英語圏の語学学校で児童英語教師（TECSOL）の資格を取得した。 ● 児童英語の短期学習法と教授法の訓練を受けた。 ● 親の仕事柄，小・中学生時代を海外で過ごした。	● 少子化が進み子供の数が減少。 ● コロナの集団感染により急遽，塾を閉鎖するリスクがある。 ● Web授業ニーズの高まり。 ● 海外の授業法を全て日本人に適応することは不可能。修正が必要。

［出所］筆者作成

（2）企業を対象としたSWOT分析

　企業を対象にしたSWOT分析の記載内容は以下のとおりである。

①　S（強み）：企業内部の要因でプラスに働くもの。会社の強み・得意分野，地域的な強み，同業他社と異なる特徴（特許数，利益率，支店・工場など）など。

②　W（弱み）：企業内部の要因でマイナスに作用するもの。会社に不足しているもの（製品，技術，事業分野など）。同業他者と比べて弱い点（技術面，営業力，サービス，IT化，働き方，広告など）。

③　O（機会）：外部の要因で企業にとってプラスになるもの。成長の機会となるもの，ビジネスチャンスとなるもの。外部要因としてプラスに作用するもの。

④　T（脅威）：外部の要因で企業にとってマイナスとなるもの，同業店が近くに出店した，途上国から安い類似品が入ってきたなど。

　SWOT分析中のO（機会）とT（脅威）には，PEST分析により抽出した諸項目をプラスとマイナスに分類し，必要なものを記載する。

　図表２-４はパン屋さんを新規創業する場合のSWOT分析例である。

　なお，数十種類ある経営戦略の分析手法の中で，日本や欧米において最も多くの企業で使用されているのがこのSWOT分析である（Nakayama, 2018）。

図表2-4 SWOT分析（パン屋のケース）

S	W
●大学３年間パン屋でバイト経験 ●菓子専門学校コース修了 ●菓子職人の資格取得 ●30種類の新メニューを開発	●駐車スペースが１台分しかない ●スマホ決済等のIT化が遅れる ●常に人手不足
O	T
●周囲1kmにコンビニ，パン店なし ●手作りパンのニーズが高い ●近隣に大規模マンションが完成予定	●近くのスーパーが店内ベーカリーを始める予定 ●仕入れ原材料の値段が高い ●地域に高齢者が多いため宅配ニーズが高く来店者は減少

［出所］筆者作成

4 基本戦略

　企業を創業する際，SWOT分析結果をもとに自社の進むべき道標となる基本的な戦略を策定する必要がある。その際，最も有名なのがポーター（Porter, M.E.）の考案した基本戦略である。

　ポーターは，同業他社との競争の中で高い利益を得るために２つの方法を提示した。１つは同業他社と同じまたは似た商品を格段に安いコストで製造して販売すること，もう１つの方法は同業他社とは全く違う商品＝より価値のある商品を開発することで「特異な商品である」ことを強調することである。また，対象となる市場（消費者の集団）が狭い場合もあれば広い場合もある。その両者を加味すると，以下のように４つの戦略に分けられる（Porter, 1980）。

① コスト・リーダーシップ戦略

　コスト面でリーダーになる，つまり同業他社よりも格段に低いコストで製造することにより優位に立とうという戦略である。こうした低コストを実現するためには，最新鋭の生産設備を導入して短時間で大量に商品が作れるようにする，既存商品の設計図を見直してより簡素化した商品を作る，高コストのTV広告からネット広告に重点を移して広告コストを下げる，などコスト管理に力を入れて商品の原価を下げることで価格も下げることができる。その結果，市場シェアは上昇するのでより高い利益を得ることが可能となる。

② 差別化戦略

　自社の商品やサービスを一新して差別化し，業界の中でも特異と思われるものを提供する戦略である。デザイン，機能，技術，製品の形状，サービスなどにおける差別化があげられる。差別化に成功すれば，ブランドが確立されるため同業他社より優位な地位を確立することが可能となり，高い利益を得ることができる。

③ 集中戦略（コスト集中戦略，差別化集中戦略）

　特定の市場を対象にした戦略である。上記のコスト・リーダーシップ戦略の対象市場を国内全体（広い市場をターゲット）とした場合，コスト集中戦略とは，例えば北海道だけ，20代だけ，高齢者の女性だけ，といったように特定の

図表2−5 基本戦略とその事例

	特異性	低コスト地位
業界全体	差別化戦略 （成城石井）	コスト・リーダーシップ戦略 （ドン・キホーテ）
特定市場	差別化集中戦略 （クイーンズ伊勢丹）	コスト集中戦略 （カスミストア）

［出所］Porter（1980）および中山（2018）により作成（事例は筆者）

買い手，地域，顧客層などの狭い市場を対象にした戦略のことである。狭い
ターゲットのほうが低コストで効果的に消費者ニーズを獲得しやすいというメ
リットがあるため，大企業よりも中小企業に適した戦略といえる。

　一方，狭い特定市場において差別化戦略をとることを「差別化集中戦略」と
言う。

　図表2−5は，スーパーマーケットの基本戦略の例である。

練習問題

1　あなた自身のパーソナルSWOT分析を行い，表（図表2−3参照）を作成してく
　ださい。
2　スーパーマーケット以外の業界における基本戦略（4マス）の各々に該当する企
　業名をあげてください。

参考文献

中山健（2018）「経営戦略」，中山健他（2018）『新時代の経営マネジメント』創成社
　pp.94-125.

Aguilar, F.（1967）*Scanning the Business Environment.* Macmillan.

David, F.R.（2011）*Strategic Management Concepts and Cases*, Global Edition. 13th
　Edition, New Jersey: Pearson Education, Inc.

Grant, R.M.（2016）*Contemporary Strategy Analysis.* 9th ed. Chichester: John Wiley
　and Sons.（グラント著・加瀬公夫訳（2019）『グラント　現在戦略分析（第2版）』
　中央経済社）

Hoffer, C. W. and Schendel, D.（1978）*Strategy Formulation: Analytical Concepts*,
　West Publishing（奥村昭博・榊原清則・野中郁次郎訳（1981）『戦略策定―その理
　論と手法―』千倉書房）

Kotler, P., and Keller, K.L.（2012）*Marketing Management*. 14th ed. Pearson Education, Inc.

Mintzberg, H.（1978）Patterns in Strategy Formation, *Management Science*, 24（9）: 934-948.

Nakayama, T.（2018）. Empirical Study on the Application of Strategic Management Tools and Techniques in the Japanese Companies, *European Journal of Business and Management*, 10（10）, 134-143.

Porter, M.E.（1980）*Competitive Strategy*, The Free Press.（M.E.ポーター著，土岐坤・中辻萬治・服部照夫訳（1980）『競争の戦略』ダイヤモンド社）

Sammut-Bonnici, T., and Galea, D.（2014）PEST analysis. *Encyclopedia of Management*, John Wiley & Sons, Ltd.

ビジネスに生かす人的資源管理論

ミニケース　20XX年，かつて「Z世代」と呼ばれていた若者たちも，今や日本社会において中心的存在となっている。重要な意思決定を行う地位に就くものも相当な割合となり，彼らのかねてより理想とする社会の形を実現するための法律の制定や改定が活発になっている。

　例えば，彼らは長らく「日本企業では高給をもらいつつ，大した仕事もしていない年配の社員が多く存在するため，そういう賃金制度を徹底的に改めるべきだ」と主張してきた。そこで，仕事の成果に賃金が必ず連動する「成果主義」が法的に日本企業の原則となった。また，終業後の取引先の接待を伴わない仲間内の飲み会も法的に禁止され，さらに，プライベートの充実のため，労働者も社長を含むトップ層も法定労働時間内の労働しかできないようにした。まさにZ世代の悲願達成である。

　しかし，同じZ世代のあなたは多少の違和感を持たざるを得なかった。この違和感はどこから来るのだろうか……？

この章で学ぶこと

● 人的資源管理論という名称の背景にはどのようなストーリーがあるのかを理解する。

● 人的資源管理論が扱う社会問題について理解する。

● 人的資源管理論の社会問題に対するアプローチについて理解する。

🔑 KEYWORD

　人的資源　HRM　ヒトの管理

1 人的資源管理（論）について

　「人的資源管理」とは，英語のhuman resource management（略して，HRM）の直訳である（大学の科目の場合には「人的資源管理論」とされることもある）。human resourceが「人的資源」を表すが，日本では古くから存在する「人材」という語がこれに該当してきた。読んで字のごとく，経営資源の4要素であるヒト・モノ・カネ・情報のうち，ヒトの管理を指す。

　4つの経営資源の要素の中で，ヒトは他の3要素に比べて重要性が上だとされる。なぜなら，モノ・カネ・情報はヒトが使用することによって初めてそれぞれの役割が発揮されるからである（上林, 2012）。したがって，人的資源管理論はいわば経営における様々な管理の中でもっとも決定的な領域を扱っているといえる。

　なお，本来，「材」とは「適材適所」のように才能や，才能を持つ人を表すが，「材料」すなわち道具のようなイメージに重ねる人が増えてきたのか，「人財」という当て字も最近では見られるようになってきた。これはちょうど「子供」が，もともと全く否定的な意味を持たない熟語だったにもかかわらず，「供」に「お供え物」のイメージを重ねる人たちによって，「子ども」と一部で表記されるようになったのと似ている。ことばやその表記の移り変わりは時代背景を表しているのは確かだが，本来の意味を誤解しないように慎重になるべきだろう。

　実は，この上記のことばの移り変わりに関連して，人的資源管理論における興味深い指摘がある。人的資源管理という語は比較的新しく，諸説あるものの1980年代や1990年代に欧米を中心とする海外において登場したとされている。日本ではそれまで従業員の管理に対して「人事管理」や「労務管理」といった用語が使われていたが，海外の研究の潮流を受けて日本でも徐々に人的資源管理が使用されるようになった。人事管理，労務管理，人的資源管理の違いは**図表3－1**にまとめてある。

　ところが，これはいわば逆輸入だった。今野・佐藤（2020）は以下のように説明している。当初，欧米の人事管理の考え方は，合理的に決められた仕事に

図表3-1 人的資源に対する管理的視点の推移

	労務管理	人事管理	人的資源管理
時期	1910年頃から	第2次世界大戦以後	1980年前後から
対象とする労働者	生産労働者，工員などのブルーカラー。	ホワイトカラーにも対象を拡大。	主にホワイトカラー特に知的労働者。
労働者観	道具・機械のように利用すべき存在。	他の経営資源と同等の資源。現有能力を有効活用すべき存在。	他の経営資源とは一線を画す，大きな可能性を秘めた資源。投資・育成によって現有能力の向上を支援することで，より大きなリターンを狙うべき存在。
管理の目的	管理機能と作業機能を分離し作業方法の科学的な分析による作業能率のアップ。	労働者の心理状態，人間関係に配慮することによる職務満足とそれを通じた労働の質の向上。	経営資源の価値を飛躍的に高めることを通じた，長期的な組織能力，競争優位性の獲得。
管理領域	● 労働時間 ● 貨金	労働条件以外の雇用全般。ただし，それぞれの領域は個別の視点から管理。	育成方針の一貫性を保つため，雇用全般を統合的な視点から管理。
管理方法	集団一律管理	集団一律管理	集団一律管理ながら，徐々に個別対応のウェイトが増加。
施策例	● 課業管理 ● 差別的出来高給制 など	● 職務充実 ● 自律的な作業チーム ● 組織開発 など	● キャリア支援 ● メンタリング ● FA制度 など

[出所] 安藤（2008）図表1.1

配置された社員が，それを適切にこなしていけば，組織全体が効率的に機能するというものであった。しかし，1980年代に国際競争力を失い，社員は重要な経営資源であり，教育という投資によって能力を高めるという新しい管理の仕方へと変化していき，人的資源管理が新しい用語として使われるようになった。しかし，この新しい考え方は日本の人事管理ではすでに一般的なものであり，その意味において，日本では人事管理に代えて人的資源管理という用語を用い

る必要はないかもしれない，というものである。

　つまり，乱暴な言い方をすれば，人的資源管理とは日本式の人材管理を（すべてでないとしても）表したものということだし，日本においてはヒトの管理についての本質的な考え方はそのままに，国外の影響を受けてことばのほうが変化したということである。

2　人的資源管理論のアプローチ

　とはいえ，日本における人的資源管理も人々の考えの変化とともに当初から変わってきたといえる。ここでは，人的資源管理論が扱う領域に言及しながら，現下の方向性について説明していこう。

2.1　法や制度

　人的資源管理論は，現在の企業においてどのように人材を扱っているか，どのように扱うべきかを検討する。企業における人材といえば，会社員や従業員という名称で分類される労働者がイメージしやすいかと思われるが，アルバイトであろうと正規従業員であろうと，雇う側（使用者という）と雇われる側（労働者）との間には雇用契約が存在しており，その契約内容は憲法や様々な法律の制約を受ける。例えば，契約の中に「うちを辞めて3年間はライバル企業に就職できない」という条項を設けることは認められない。憲法の保障する「職業選択の自由」に反するからである。また，人間は機械のように休憩なしに働き続けることはできないから，労働時間管理は非常に慎重に行わなければならない。また，労働を提供する以上，それに見合った対価としての賃金が労働者へ支払われなければならないが，その額や支払方法は使用者の一方的な都合で決められた結果，労働者の不利につながってはいけない。このように，労働者の扱いは様々な法制度の枠内で決められる必要がある。労働関連の法律による制約条件や，その枠内での有効な施策や工夫といった点は，人的資源管理論の重要なトピックである。

2.2　ヒトとしての性質

　同時に，人的資源はあくまでもヒトである以上，特有の性質を持つ。モノ・カネ・情報とは異なり，ヒトには好き嫌いや喜怒哀楽があるから，「嫌だ」と思う会社には入りたくないだろうし，「楽しくない」と思う仕事に対するやる気はあまり出ないだろう。逆に，会社から信頼された証として会社の命運を左右するような大きな仕事を任されたり，日頃の仕事ぶりや仕事の実績を周囲から評価されたりするとやる気は大きく高まるだろう。当然ながら，学校を卒業したばかりの新入社員には，最初から会社や周囲からの大きな信頼や高い評価を得るような仕事をするのは難しいだろうから，しばらく組織に所属しながら能力やスキルを高めていくことになる。つまり，人的資源は成長する可能性を有するといえる。以上のような「採用」「人材配置」「評価・報酬」「人材育成」といった点も，制度面以外での重要なトピックである。なお，これらの項目は経営組織論で扱う内容とも深い関連を持つ。

2.3　社会情勢とその変化

　法律や社会制度というものは，社会情勢が変化すると社会に適合できない部分が生じてくる。また，社会情勢の変化の背景に人々の一般的な考え方の変化が存在するケースもある。前者の例として，労働時間の法的基準の変化が挙げられる。労働時間について定めている労働基準法が制定されたのは昭和22年（1947年）だが，当時定められていた労働時間の上限は週48時間だった。その後，日本の高度経済成長を経て経済大国になるとともに，諸外国から日本人が働き過ぎであるという批判が寄せられるようになり，昭和63年（1988年）には週40時間へと上限が短縮されることになった。

　人々の一般的な考え方の変化の現れとしては，女性の社会進出が挙げられよう。かつての日本では男性が賃金労働をし，女性が家事をするという性別による役割分担が一般的だった。現在では，意欲も才能もある女性が社会で活躍しないのは社会的損失であるとの考えが定着し，**図表３－２**のように女性の就業率は徐々に男性に近づいている。それとともに多くの企業は女性が働きやすい環境の整備に努めている。

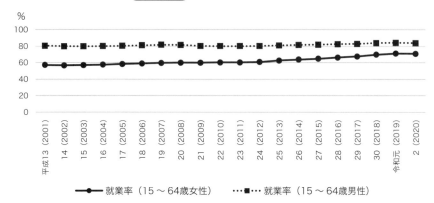

図表3-2　男女の就業率の推移

凡例: 就業率（15〜64歳女性）　就業率（15〜64歳男性）

[注] 平成23年（2011年）は総務省統計局による推計値
[出所] 総務省統計局『令和3年度労働力調査』

　以上を簡単にまとめると，人的資源管理論のアプローチとしては以下が挙げられる。
　（1）法律などの制度的側面からのアプローチ
　（2）人的資本のヒトとしての性質を念頭に置いた制度外側面からのアプローチ
　（3）社会情勢の現状やその変化と背景の影響をみるアプローチ

　これらは上の説明の順番どおりに並べたものだが，（3）は（1）や（2）に影響を与えるという関係にあると考えられる。

3　ケースに学ぶ人的資源管理の問題意識

　ここではケースとして，国が主導する取り組みである「働き方改革」を取り上げる。上で述べた3つの各アプローチのうち，社会的制度や人々の考え方に深く関わる社会情勢の観点（上記の（3））から，働き方改革を見ていこう。
　先ほども述べたように，女性の社会進出の進展は統計上でも明らかである。しかし一方で，これまで女性が中心的役割であった家事や育児は不要になった

かというと，もちろんそうではない。女性が専門的にこれらに従事することができなくなったのであれば，部分的であれ全体的であれ，男性がその役割を分担する必要が生じてくる。

この点に関して，内閣府の『平成28年度版 少子化対策白書』によると，働き方改革を主導する国は「男性が育児をより積極的に楽しみ，かつ，育児休業を取得しやすい社会の実現を目指す「イクメンプロジェクト」を立ち上げた。その一環として「2013（平成25）年度より男性の仕事と育児の両立を積極的に促進し，業務改善を図る企業を表彰する「イクメン企業アワード」を実施し，他企業のロールモデルとして普及させることで，仕事と育児を両立できる職場環境の整備を促進している」とある。実際に，この年から毎年，男性従業員の仕事と育児の両立支援に取り組む企業・団体に対して厚生労働省が「イクメン企業アワード」のグランプリや奨励賞を授与している。こうした受賞企業が実際にどのような支援を行っているのか，支援を行うことで社内・社外においてどのような影響があったのか，また，この賞の制定が社会に対してどのような影響を及ぼすのか，こういった疑問点が人的資源管理において扱うべきテーマだといえる。

4　リーダーシップと人的資源管理

人的資源管理とは組織においてヒト（他者）をいかに活かすか，自分をどのように活かすかを考えることである。それはまさしく皆さんがリーダーシッププログラムにおいて培っているスキルそのものではあろう。他者や自分のキャラクターや強み弱みを理解し，それを組織としてのパフォーマンスにつなげていく，このことは人的資源管理とリーダーシッププログラムとが本質的に共通していることだといえる。

5　人的資源管理の勉強の仕方

人的資源管理は皆さんにとっては就職活動に密接に関連してくることになる。働き方のルールや現状を知ることによって，自らの職業観を深めることができ

るからだ。卒業に近づくにしたがって皆さんの働き方に対する興味関心や問題意識は高まってくるだろうから，授業を受けながらもっと知りたいと思うテーマに出会うことも充分にあり得る。そういう場合に自ら社会の現状や自分の興味のある業界や会社の事例を調べてみよう。授業の理解のみならず，社会へ出るための準備も促進するはずだ。

6　まとめ

　ヒト・モノ・カネ・情報の経営資源の中でほかの3つに比べて上位にあると考えられるヒトは，組織経営の広範な部分において決定的な役割を持つ。人的資源管理は，そのヒトという経営資源の管理を考える学問領域ということになるが，冒頭の人的資源管理という語の経緯にも述べたように，その背景にはかつての日本で一般的だった人材管理の考え方が多少の影響を与えている。それは，ヒトはまさしく人・人間であるということ，寿命や体力に制限があり，一人一人が個性を持ち，感情を持ち，成長するという人間の本質に根ざした管理の方法である。

　現在は個人や企業組織をとりまく環境の変化が激しい時代だと頻繁に言われる。そういう状況においては変化が常に肯定されやすくなる。言い換えれば，「古い考え方や方法は捨てて新しいものを導入することが求められるべき姿勢であり，古いものを保持し続けるのは避けられるべき姿勢だ」と主張されがちである。しかし，「最新」「最先端」「革新」「変革」といった，時代の流れに乗った響きの良いことばのみに振り回されてばかりでは，大切な考え方ややり方を容易に捨ててしまって長期にわたって蓄積してきた組織としての強みを失うことにもなりかねない。本当に変えるべきものは何なのか，裏返すと，残すべきものは何なのかという点を熟慮することが人的資源管理には必要である。

練習問題

1　冒頭のミニケースで挙げられていた施策（成果主義，終業後の同僚や上司との飲み会への不要論，厳格な労働時間管理）は，現在その意義やあり方が議論されている様々なテーマの一部である。おおむね，若者はこれらを徹底すべきという論調に

なりがちだが，これらが必要だと考えられる理由とは具体的に何だろうか？　また逆に，これらを推進したために悪影響が生じる可能性はないだろうか？　あるとすればその悪影響はどのようなものだろうか？

2　「働き方改革」の及ぼす影響を，上に挙げた３つのアプローチのうち，（３）を除く「制度的側面」と「制度外側面」の２点から考えてみよう。

 参考文献

安藤史江（2008）『コア・テキスト人的資源管理』新世社
今野浩一郎・佐藤博樹（2020）『人事管理入門（第３版）』日本経済新聞出版
上林憲雄（2012）「人的資源管理論」『日本労働研究雑誌』54（4），38-41.
総務省統計局『令和３年度労働力調査』
内閣府『平成28年度版 少子化対策白書』

第3章
ビジネスに生かす人的資源管理論

ビジネスのグローバルな展開

ミニケース　ミシンを製造販売するＡ社は，近年の国内市場の停滞で売上が伸び悩んでいる。このため，海外市場に目を向け，グローバル企業に転向していこうと考えている。もっともこれまで純粋なドメスティック企業だったＡ社では，海外進出や海外企業との提携を進めるにあたって，様々な障壁があることに気が付いた。海外市場への進出をスタートし，段階的にグローバル企業を目指すためにはどのような戦略をとればよいだろうか。さらに，海外での事業展開を成功させるためにはどのような人材を育成していけばよいだろうか。

この章で学ぶこと
● 国際競争力，海外進出の手法について学ぶ。
● グローバル戦略の類型，グローバル化の発展段階について学ぶ。
● グローバルに活躍するための人材育成について考える。

KEYWORD
　海外進出　イノベーション　グローバル人材

1　日本企業の国際競争力

　日本企業のものづくりは，①国内・企業内にある産業・技術・技能の深い蓄積，②作り手と使い手の一体化，③現場重視と現場の課題解決能力，④多能工の重視，⑤チームワーク・組織の一体感・帰属意識の重視，⑥よりよいものを作ろうとする熱意，といった強みを生かすことで競争優位を確立してきた。もっとも，IMD（スイス国際経営開発研究所）が公表する「世界競争力ランキング」[1]を見ると，1989年から1992年まで連続して１位だった日本のランキ

順位	国・地域	順位	国・地域
1位	デンマーク	11位	アイルランド
2位	スイス	12位	アラブ首長国連邦
3位	シンガポール	13位	ルクセンブルク
4位	スウェーデン	14位	カナダ
5位	香港	15位	ドイツ
6位	オランダ	16位	アイスランド
7位	台湾	17位	中国
8位	フィンランド	18位	カタール
9位	ノルウェー	19位	オーストラリア
10位	アメリカ	…34位	日本

［出所］IMD "World competitiveness ranking 2022 results"

ングは，2022年には34位と大きく後退している（**図表４-１**）。

　これは「日本のものづくりは強い，ものづくりで世界に勝つのだ」という発想に驕り，海外企業の実力や業界のビジネスモデルの変化に十分な注意を払わなかった結果とも受けとめられる。新型コロナウィルスに対する政策の違いや，ロシアによるウクライナ侵攻なども各国の競争力に影響を与えている。製造業における総合的な国際競争力は，大きく「生産の競争力」と「新製品開発の競争力」の２つの要素で構成されている（**図表４-２**）。コスト削減や品質管理といった生産の競争力のみならず，市場の変化に対応した優れた製品やサービスを持続的に創出し，イノベーションを巻き起こす能力も必要とされる。

　グローバル競争が激化すると，所得水準の高い先進国の製造業が生き残るためには，製造ラインの生産性だけではなく，新製品開発の競争力の重要性が求められる。日本企業の技術者たちは，高品質，短納期，コストダウン，改善など製造にかかわる生産性向上が得意で，画期的な新製品開発がウィークポイントと捉える向きもあるが，欧米では日本企業が次々と新たな製品を生み出す製品開発力を高く評価している[2]。もっとも，せっかく優れた新製品を開発しても価格競争に陥り，企業の利益に結びついていないことは事実である。新製品開発では，それによって生まれた価値を自社の利益として確保するビジネスモ

第４章

ビジネスのグローバルな展開

37

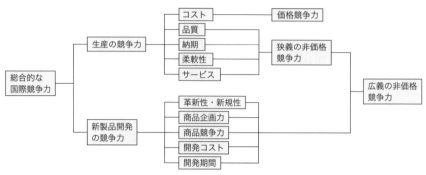

図表4-2 製造業企業の国際競争力の源泉

[出所] 原（1998）

デルの構築が重要である[3]。

2　国際経営論のアプローチ

　国際経営の本質は，相反する2つ（以上）の要素のバランスをとることにある。日本企業の強みを生かしつつ，業界動向や競合他社の実力にも十分に注意を払い，俯瞰的・客観的な視座から状況に応じた判断ができることが，グローバル時代に求められる経営のバランス感覚と言えるだろう。特に，近年の国際経営に求められるバランス感覚とは，経済・経営上の合理的判断の上だけでなされるものではなく，事業活動から得られる利益と環境問題などを見据えた社会貢献とのバランス，地政学リスクや多国籍企業の活動が国際社会に与える影響を含有した政治と経済のバランスなどについても考慮する必要がある。

2.1　企業の海外進出：3つの手法

　企業が海外市場に進出しようとする場合，次の3つの手法がある。

（1）輸　出
　海外へ製品を輸出するケースでは「自社製造製品を輸出する」または「受託企業の製品を代理製造（OEM）し輸出する」の2つのケースが考えられる。

自社製造製品を輸出する場合には，流通戦略を同時に計る必要があり，自社の販売網を築くのか，他社の販売網を活用するのか，または現地企業との協業を図るのかなど，あらゆる選択肢から事業戦略を策定することが必須となる。

（2）海外直接投資

　国際間の直接投資は，日本企業による海外（対外）直接投資と外国企業による対内直接投資の２つの方向（アウトバウンドとインバウンド）に区別される。

　海外直接投資とは，特定の国の投資家が，他の国にある企業に対して永続的な経済関係を樹立することを目的として行う投資である。海外での経営参加や技術提携のために，現地法人の設立や外国法人への資本参加，不動産取得などが行われる。ダニングら（Dunning and Lundan, 2008）は，具体的な海外直接投資の目的について，①市場追求型，②コスト追求型，③資源追求型，④戦略的資産追求型，⑤効率追求型の５つの類型があることを提示している。

（3）ライセンス契約

　ライセンス契約とは，企業が開発した特許技術，実用新案，著作，商標，意匠などの知的財産権に関わる技術，設計，ノウハウに対し，ライセンス料を支払い，ライセンス受諾者のリスクで当該製品を製造（生産）する方式である。海外の有名ブランドやキャラクター商品の衣料，雑貨の分野では，商標権許諾者（ライセンサー）と商標権受諾者（ライセンシー）がブランド・ライセンス契約を交わし，商標を付した製品の製造・販売を一定の販売領域に限り許可している。

2.2　グローバル戦略の４類型

　バーレットとゴシャール（Barlett, C.A., and Ghoshal,S., 1990）は多国籍企業がとる国際経営について，グローバルオペレーションの統合度とローカルマーケットへの適応度から４つのタイプに分類している。

（1）グローバル経営

　グローバル企業に属する経営モデルは，世界の市場を単一であると見て，経

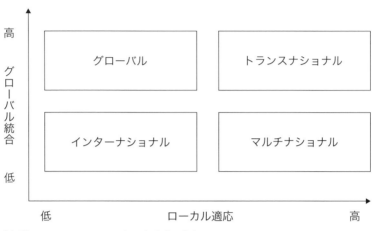

図表4-3 IR（Integration-Responsiveness framework）フレームワーク

	低 ローカル適応 高
高 グローバル統合	グローバル ／ トランスナショナル
低	インターナショナル ／ マルチナショナル

［出所］Bartlett and Ghoshal（1989）を基に作成

営資源と権限を本社に集中し，管理する。親会社がグローバル・レベルでの戦略を策定し，海外子会社は親会社の戦略を実行する位置づけとなるため，その権限は極めて制限される。各国市場に標準化された商品を展開し，集中的大量生産で，規模の経済によるスケールメリットを生かし，新市場の販売チャネル獲得を狙う。

（2）マルチナショナル経営

　マルチナショナルに属する経営モデルは，各国・地域ごとに市場やニーズに対応すべく，各国・地域の子会社が独立的に事業を行う。結果として，グローバル統合度が低く，ローカル適応度が高いタイプとなり，各国市場の違いに対応した事業・商品を展開していく。例えば市場規模の大きい重点拠点に研究開発施設を設置し，現地市場のニーズに適合する製品を開発することで，現地や周辺地域の市場で販売するなど，分権的に経営される強力な現地子会社の集合体として運営され，各国ごとに優位性を追求する戦略で市場シェア獲得を狙う。

Part1

経営

（3）インターナショナル経営

　インターナショナルに属する経営モデルは，研究開発など企業の知識創造を担う機能は本国に集中させ，海外事業では本国の親会社がもつ能力を適応させ活用していく。グローバル組織とマルチナショナル組織の中間に位置づけられるタイプで，グローバル組織よりは海外資源や意思決定権を海外子会社に委譲するが，重要な経営資源と意思決定権は親会社に集中される。海外拠点で自社製品を販売する，本国で開発された製品を限られた海外拠点で生産するなど，知識と専門的能力を現地に移転・共有し適応させることで，売上拡大とコスト削減を図り，シェア獲得を図る。

（4）トランスナショナル経営

　トランスナショナルに属する経営モデルは，組織は世界レベルに分散しているが，各組織単位は相互に依存する関係にある。グローバル統合の効率性とローカル適応の競争優位性の両立を目指し，各子会社に独自の専門的能力が構築されるよう経営資源が分配され，自立化を進めていく。親会社と子会社，さらに子会社間での双方的な連携が計られ，親会社はそれら取り組みの調整や統制を図る。

2.3　企業のグローバル化の発展段階：EPRGプロファイル

　文化的に異なる多国籍の人材をどのように管理すべきかについて検討したパールミュッターら（Heenan,D.A. and Perlmutter,H.V., 1979）は，企業のグローバル化の発展段階をEPRGプロファイルとして提示した。

（1）本国志向型（Ethnocentric）

　経営資源と権限をすべて本社（本国）に集中し，海外拠点の主要な地位に現地でのローカル人材は登用せず，本社がすべての意思決定をする経営体制である。本国からのコントロールが海外拠点に及ぶために全社レベルでの統制がとりやすいことから，外国での事業展開の経験が浅い場合に多く見られる。

（2）現地志向型（Polycentric）

　経営資源と権限を現地子会社に委譲し，独立的に事業を行う経営体制である。現地での経営環境に適応し，迅速な対応を可能とするために，現地の主要な地位に現地人従業員を配置する傾向が強い。

（3）地域志向型（Regiocentric）

　欧州圏，アジア圏といった地域単位に経営資源と権限を委譲し，各地域での現地適応性と規模の経済によるスケールメリットを生み出す。従業員の採用，配置，教育・訓練，評価などは地域ベースで実施する。本国志向型と現地志向型のメリットをバランスよく得ることのできる形態である。

（4）世界志向型（Geocentric）

　経営資源をグローバルに共有し，本国と外国の関連会社が全社的に統合された世界的なシステム・アプローチを具現化しようとする経営体制である。世界中のあらゆる主要部門の人材登用について，国籍にかかわらず最適な人材を能力ベースで起用し，適材適所の人材配置が目指される。世界レベルでの資源配分の最適化を図る形態である。

3　ケースに学ぶグローバルビジネス

3.1　ユニクロ

　ユニクロを展開する株式会社ファーストリテイリング（FAST RETAILING CO., LTD.）は，グローバル戦略を取り入れている企業の代表例としてあげられる（以下，ユニクロと称す）。ユニクロはフリースやヒートテックで大ヒットした国内ファストファッションのリーダー企業である。国内のみならず海外進出にも意欲的で，海外でもとても人気の高いファッションブランドとなり，ファストファッションブランドとしては，ZARA，H&Mに続く世界第3位の売上高を誇る。

　ユニクロの店舗総数は2022年5月末時点で2,372店舗，そのうち1,560店舗が

海外に所在し，全体の約66％を占めている[4]。2019年8月の連結決算で，はじめて海外営業利益が国内部門を上回ったが，主力事業の海外利益が国内を超えるのは主要小売業初であった。

ユニクロでは，企画から生産，物流，販売までのプロセスを一貫して行うSPA（Specialty store retailer of private label apparel）を採用し，独自の製品を開発・生産している。品質管理や在庫コントロールを徹底し，高品質を保持し不良在庫が出ないように管理するとともに，東レと協業で新素材を開発し，ヒートテックなどのヒット商品を作り出した。

ユニクロの海外展開は2001年の英国ロンドンに始まり，その後上海，米国，韓国，香港と広げ，2006年にはニューヨークのソーホーにグローバル旗艦店を出店した。

3.2　ユニクロの成功要因

(1) 中心地の大規模旗艦店

ユニクロは各国におけるファッションの中心地に旗艦店を構えて，ブランドの認知度を高める戦略をとっている。実は，2005年の米国進出の際には，郊外のショッピングモールに3店出店したが，売上低迷で多数の不良在庫を抱えてしまった。そこで，ニューヨークの高級ブティックが立ち並ぶソーホーの仮店舗で販売したところ，郊外3店舗より売上が多くなったことから，ソーホーに大型フラッグシップストアをオープンさせた。これがメディアにも取り上げられ，ユニクロの認知度が急速に高まって売上が増加し黒字転換した経験を，他国でのグローバルな展開にも生かしている。

(2) ローカライズ戦略

ユニクロは，海外進出にあたり各国の気候や文化に応じた製品を提供しているが，これまでにも多くの失敗を体験し，その原因を明らかにし，改善することで，その後の成功につなげている。例えば，中国では現地の所得に合わせるため，日本の製品よりも質が劣る低価格製品を展開していたが利益が上がらず，ユニクロの強みである「価格に対する品質の高さ」のバランスを損なうことにもなった。このため，消費を支える中産階級へとターゲットを見直し，品質と

価格を上げる戦略へ転換した結果，ブランドが評価されるようになり，売上高・店舗数を伸ばし，今日では中国国内で約870の店舗[5]を展開するまでに成長させている。

　英国での失敗も知られるところである。2001年，ユニクロは英国ロンドンに海外初進出をし，一時は21店舗まで拡大したが，巨額の赤字から撤退を余儀なくされた。当時，柳井正社長は，「海外の現地法人は現地の人が経営をしないとうまくいかない」と考え，英国老舗デパートの勤務経験者を社長に採用した。その結果，イギリス文化が反映され保守的な経営陣，組織となり，経営者から店員までそれぞれに階級・階層を作り壁ができてしまった。現場の社員と社長が対等な関係で，一緒になって話し合うというユニクロの企業文化とはほど遠く，ユニクロの理念を実現できなかった。もちろん現地の商習慣に精通した人物を置くことは重要だが，それ以上に自社の企業理念を責任者から組織全体に浸透させ，自社の商売を実現させることが何より重要であることがわかる。

　このようにローカライズ戦略の方向性は多岐にわたることから，各社の海外進出では失敗を積み重ねながら，成功への道を探ることになる。「失敗を恐れず，失敗から学び，失敗を生かして成長することが大事」というのが，柳井氏のモットーでもある。

4　リーダーシップとグローバルビジネス（グローバル人材）

　国際関係の変化によるグローバル化，技術革新による企業の海外進出の加速，外国人労働者の受け入れ拡大といった時代的背景のもと，海外企業や外国人と円滑なビジネスコミュニケーションをとる必要が増している。企業が海外で事業展開をすることになると，当然のことながら，海外事業関連の業務を任せられる人材が必要となる。そこで注目されているのが「グローバル人材」である。

　グローバル人材は，「世界的な競争と共生が進む現代社会において，日本人としてのアイデンティティを持ちながら，広い視野に立って培われる国際的な教養と専門性，異なる言語，文化，価値を乗り越えて関係を構築するためのコミュニケーション能力と協調性，新しい価値を創造する能力，次世代までも視

野に入れた社会貢献などの意欲を持った人間」（文部科学省）と定義されている。

　グローバル人材に必要な能力は，①異文化への理解と日本人としてのアイデンティティ，②コミュニケーション能力，③チャレンジ精神ということになろう。

（1）異文化への理解と日本人としてのアイデンティティ

　文化や価値観が違うと常識も異なる。異文化への理解は，相手との友好な関係にとって不可欠でもある。国境を越えて人々と関わっていけば，自分が何者であるのかを主張する根底となる「日本人であること」を再認識することになるだろう。自国に対する意識や知識は，グローバル社会で活躍する上でも極めて重要となる。グローバル化が進む社会であるからこそ，日本人としてのアイデンティティを大切にすることが求められる。

（2）コミュニケーション能力

　幅広い文化・価値観を持つ相手とコミュニケーションをとる能力も，グローバル人材には不可欠である。そのためのツールとして，世界共通言語となっている「英語」を扱えることは必須である。AI翻訳機能も進化しており，母語での相互コミュニケーションも可能とはなっているものの，英語で実務を行える能力を持てば活躍の幅は広がる。

　日本人同士のコミュニケーションでは好まれる柔らかい言い回しも，外国人にはうまく伝わらないことがある。会話の引き出しや表現力の豊富さだけでなく，相手が理解しやすい伝え方を判断できる能力も不可欠である。

（3）チャレンジ精神

　そして何よりも大切なのは，主体性・積極性を持ちリーダーシップをとることができる人材である。グローバルビジネスでは，前例がない新たな挑戦や，成功体験を生かすことができないことも多い。そのような中で「失敗を恐れずにチャレンジを続けていく精神力と行動力」は何より重要となる。仕事への使命感・責任感をもって事業をやり遂げる気概がないと周りを動かすことはでき

45

ない。さらに異なる言語・文化や価値観を持つ相手と接していくためには，周囲とうまくバランスをとることができる協調性や柔軟さも大切である。

5　グローバルな視点から捉える経営学の勉強の仕方

　企業の規模を問わず，企業経営は世界の動きに左右されている。21世紀のビジネスを担う企業経営者にとって「グローバルな見方ができる」ことは必須である。そのためにも英語に加え，中国語や興味のある言語を複数身に付けておくことは大いに有効であろう。

　世界のファミリー企業のオーナーの多くはグローバルな子弟教育を幼少期から実施している。国際会議や海外出張に家族を同伴させ，家にはエコノミストのような世界で読まれているジャーナルを置いている。幼少から海外の学校に通わせる場合も多い。外国語の習得だけでなく，日本では習得が難しいグローバルスタンダードな教育，例えば，子供に考えさせ創造力を発揮させる教育，クリティカルシンキングを取り入れる教育などが求められている。

　グローバルな見方というのは，物事を日本や世界の歴史の中で位置づけることを意味する。複雑でリスクの高いグローバルビジネスに，絶対的な解というものは存在しない。VUCAの時代と呼ばれる環境下では，一人で正しい意思決定を下すことは難しく，チームワークの重要性は以前より増している。日本政府や日本企業に共通する弱点として，アメージャン（Ahmadjian, 2011）は「ローカルな世界をグローバルと思い込み，グローバルに対処すべき課題をローカルに処理しようとしてしまうこと」であると批判している。日本の企業は優れた文化や価値観を企業という限られた枠組みのなかで捉え，日本人の間だけで完結しようとするが，これは日本のリーダーたちが異なる文化や価値観を持つ人々と接し，深くコミュニケーションした経験に乏しいからだと指摘する。日本企業はチームワークに優れているが，得意なのはあくまで単一の文化や価値観に支配されたチーム内においてであり，多種多様な価値観と文化で構成される「多国籍なチームワーク」こそが現代社会に求められている。多様性のある社会でもまれない限り，人も企業も自らの姿を世界基準で正確に評価できないことを心にとめ，海外の目を通して自らの見えない「強み」を発見して

もらいたい。

6 まとめ

　経済のグローバル化に伴い，ビジネスはより複雑でリスクを伴うものへと変化している。すべての取引も一国対一国の単純な図式では捉えきれず，複雑に絡み合っている。こうした現実を把握するためにも，普段から国際情勢や時事問題について関心を高めて欲しい。

📖 練習問題

1　新聞記事やニュースなどで取り上げられたグローバルビジネスに関わる事実を整理し，その成功要因・失敗要因について考えてみてください。
2　留学経験，海外旅行，外国人との交流などを通して，自分が日本人（または〇〇人）であることを再認識した経験をもとに，日本人のアイデンティティや日本企業の組織的特徴について考えてみてください。
3　2の意見を踏まえ，日本企業がグローバルビジネスを展開する上での障壁になりそうだと思うものを挙げ，それらを克服するための工夫としてどのようなことが提案できるのか示してください。

┃ 注 ┃

1　IMD（International Management Development）の世界競争力ランキング（2022年は世界63カ国を対象）は「経済状況」「政府の効率性」「ビジネスの効率性」「インフラ」の4分野において統計データと企業幹部へのアンケート結果により決定される。
2　出川（2006）。
3　延岡（2006）。
4　FAST RETAILING HP　グループ店舗一覧　2022年7月14日最終更新。
5　同上。

📖 参考文献

出川通（2006）『新規事業創出のすすめ』オプトロニクス社
延岡健太郎（2006）『MOT技術経営入門』日本経済新聞社
原陽一郎（1998）「国際競争と高度化のイノベーション」『長岡短期大学研究紀要』32, pp.1-20

増田貴司（2007）「日本のものづくり競争力の源泉を考える」『経営センサー』92,
　pp.22-35

Ahmadjian, C.（2011）「グローバルな視点で自分たちの「強み」を洗いなおす」
　『RMSmessage』Vol.24, pp.19-21.

Bartlett, C.A. and Ghoshal, S.（1989）*Managing Across Borders: The Transnational
Solution,* Boston: Harvard Business School Press.

Dunning,J.H and Lundan, S.M.（2008）*Multinational Enterprises and the Global
Economy,* Cheltenham: Edward Elger.

Heenan, D.A. and Perlmutter, H.V.（1979）*Multinational Organization Development:
A Social Architectual Perspective,* Addison-Wesley.

IMD World Competitiveness Center, *World competitiveness ranking 2022 results.*

第**5**章

人工知能（AI）とビジネス法務

> ミニケース　　最近，インターネットや新聞などのニュース記事において，頻繁に「人工知能（AI）」という言葉を目にするようになった。身の回りの電化製品にも人工知能（AI）が使われているようであり，私たちの日常生活に欠かせない存在になっていると言っても過言ではないようだ。先日も，「レベル4の自動運転が2023年4月以降開始される」との報道に接した。確かに，人工知能（AI）が人間に代わって自動車の運転をしてくれるのであれば，とても楽で便利なように思える。と同時に，本当に機械に任せきりで大丈夫なのだろうかと一抹の不安も覚える。
>
> 　言うまでもなく，科学技術は日進月歩であり，それに呼応してビジネスの環境も日々変化している。その一方で，ビジネス社会には，遵守すべき様々な法制度（ルール）が厳然と存在しているところである。そこで，今後，世の中のルールを守った上で，人工知能（AI）を活用したビジネスを展開していくためには，一体どのような点に留意していけばよいのであろうか？

この章で学ぶこと

- ビジネスの現場で活用される人工知能（AI）は，法制度（ルール）や倫理といかに関わるべきであろうかという問題意識を常に持つ。
- 近時，ビジネス社会において重視されつつある「コンプライアンス（法令遵守）」という概念の本質について深く理解する。

🔑 KEYWORD

　人工知能（AI）　自動運転　コンプライアンス（法令遵守）　倫理

1　自動運転

1.1　意　義

　AIを搭載した自動運転車とは，目的地をコンピューターに入力するだけで，人の手を煩わせることなく，自動で運転を行ってくれる自動車のことである。自動運転には，体が不自由で自らは運転できない人々の行動範囲を拡大したり，人手不足の配送業の大きな助けとなったりするというメリットが存在する。わが国における急速な少子高齢化や地方の過疎化といった現状を踏まえれば，こうした課題を自動運転によって解決するビジネスの必要性は高いと言えよう。他方，自動運転の技術が現段階では完全ではないために，予測し得ない重大な事故を起こす危険性が高いというデメリットの存在も忘れてはなるまい。

　そこで，理想論としては，こうしたデメリットを最小化しつつ，同時にメリットを最大化させるような法制度（ルール）が整備されることが求められよう。例えば，自動運転の技術を向上させるために公道で実験走行を実施することを認めるが（＝メリットの最大化），ただし，重大な事故の発生を防ぐために，一定の安全確保装置を備えることや事故保険に加入することを義務づける（＝デメリットの最小化）というルールなどは，合理的なものと評価できるであろう。

1.2　「官民ITS構想・ロードマップ2018」

　官民ITS構想・ロードマップとは，高度道路交通システム・自動運転についてわが国の方針を示した文書である。それも参考にしつつ自動運転の態様について説明すると，自動運転は具体的には以下のようなレベル分けがなされている。まず，「レベル0」は「運転自動化なし」である。次に，「レベル1」は「運転支援（運転三操作のいずれか）あり」の段階であり，ハンドル・アクセル・ブレーキのうちのいずれか1つの操作が自動化されているものである。さらに，「レベル2」では，「部分運転自動化（運転三操作の複数）」の段階であり，上述した三操作のうちの複数の操作が自動化されているものである。三操

作の全部が自動化された段階は,「レベル 3」に該当し,「条件付運転自動化」と呼ばれる。「条件付」と呼ばれるのは,作動継続が困難な状況に陥った場合には,運転者自らが,システムの介入要求等に適切に応答する必要があるためである。「レベル 4」の段階になると,そうした介入要求等へ運転者が応答することも不要になるので,「高度運転自動化」と呼ばれる。ただし,この段階での運転自動化は,あくまで限定領域内に限られることとなる。【ミニケース】でも紹介した,2023年から運用が開始されるレベル 4 の自動運転とは,限定領域内における高度運転自動化のことであり,例えば,過疎地において無人の輸送サービスを展開することなどが想定されている。そして,いよいよ最終段階である「レベル 5」の段階に達すると,そうした領域的限定も解除され,「完全運転自動化」と呼ばれることになる。この完全運転自動化を達成するためには,走行車両(コネクテッド・カー)がお互いに,周囲の交通状況に関する情報を瞬時にかつ大量に通信する必要があるが,そのための技術の実用化も進んでいる。

1.3　現行法

　自動運転に深く関係する法律として,例えば,道路交通法70条は,「安全運転の義務」として,「車両等の運転者は,当該車両等のハンドル,ブレーキその他の装置を確実に操作し,かつ,道路,交通及び当該車両等の状況に応じ,他人に危害を及ぼさないような速度と方法で運転しなければならない。」と規定している。さらに,道路運送車両法40条は自動車の構造について,同法41条は自動車の装置について,それぞれ規定を置いており,運行の用に供する車両は国土交通省が定める技術基準(保安基準)に適合する必要があることになる。そこで,国土交通省では,「自動運転車の公道実証実験を可能とする措置(道路運送車両の保安基準関係)」[1]として,代替の安全確保措置が講じられることを条件に,ハンドル・アクセル・ブレーキペダル等を備えない自動運転車の公道走行を可能とする措置の導入を実施した(2017年 2 月)。そして,その後の法律改正を経て,2023年 4 月以降は,レベル 4 の自動運転(「特定自動運行」という)が認められるようになったところである。

2　民事上の責任

2.1　法令遵守（コンプライアンス）

　上述したように，自動運転が有するメリットやデメリットに配慮した形で，世の中のルールが変更されていくのは自然な流れである。ビジネスを展開する際には，こうした世の中のルール（法律）を遵守することが，まず何よりも大事である。ルール違反をして一時的に利益を得るような企業があったとしても，結局，そのような企業は社会からは受け入れられなくなって，存続できなくなってしまうからである。このように，ルールを守ることを，英語でCompliance（コンプライアンス）と言い，わが国でもそれに倣って，「法令遵守」のことを「コンプライアンス」と呼ぶことが多い。

　その点，わが国の会社法355条は，「取締役は，法令……を遵守し，株式会社のため忠実にその職務を行わなければならない。」と規定している。また，わが国の最高裁判所も，「……会社が法令を遵守すべきことは当然であるところ，取締役が，会社の業務執行を決定し，その執行に当たる立場にあるものであることからすれば，会社をして法令に違反させることのないようにするため，その職務遂行に際して会社を名あて人とする……規定を遵守することもまた，取締役の会社に対する職務上の義務に属する」と述べている[2]。

2.2　損害賠償責任

　しかし，法令遵守の重要性は理解できても，現実問題としては何らかの事故が発生してしまうのは世の常である。では，自動運転によって他人を負傷させてしまったような場合，誰がどのような責任を負うことになるのであろうか[3]。人工知能（AI）を開発した業者であろうか，自動車製造会社であろうか，自動運転車に乗車していた人であろうか，それとも，自動運転車の所有者であろうか。関係のありそうな当事者が多数に及ぶので，とても複雑な事態になりそうである。

　そこで，まずはわが国における損害賠償責任の一般的なルールである不法行

為による損害賠償（民法709条）の規定をみると、「故意又は過失によって他人の権利又は法律上保護される利益を侵害した者は、これによって生じた損害を賠償する責任を負う。」とされている。この規定の趣旨は、損害を公平に分担することと、被害者を救済することにある。

　もっとも、自動運転車のように自動車による事故の場合には、自動車損害賠償保障法という特別のルールが用意されている。この法律は、「自動車の運行によって人の生命又は身体が害された場合における損害賠償を保障する制度を確立することにより、被害者の保護を図り、あわせて自動車運送の健全な発達に資することを目的」としている（同法１条）。すなわち、「被害者保護」は当然大事なのであるが、それとあわせて、「自動車運送の健全な発達」をも目指そうとして制定されたルールなのである。そして、同法３条によれば、「自己のために自動車を運行の用に供する者（＝運行供用者という）は、その運行によって他人の生命又は身体を害したときは、これによって生じた損害を賠償する責に任ずる。ただし、①自己及び運転者が自動車の運行に関し注意を怠らなかったこと、②被害者又は運転者以外の第三者に故意又は過失があったこと、③並びに自動車に構造上の欠陥又は機能の障害がなかったことを証明したときは、この限りでない。」とされており、運行供用者が責任を免れるには、上記①・②・③のすべてを立証する必要があることになる。

　とすると、レベル３・４・５の自動運転車（レベル３においては自動運転モード中）が人身事故を起こした場合には、上記①は満たすと考えられるものの、上記③は満たさないと考えられるので、運行供用者責任を免れないこととなるであろう[4]。上記③にいう「構造上の欠陥又は機能の障害がなかった」の意義はとても厳格に理解されており、およそ現在の工学技術の水準上不可避のものと言えない限りは、上記③の免責要件は充たされないと言われている[5]。

　なお、先にみた民法709条に基づいて損害賠償請求する場合と、自動車損害賠償保障法３条に基づいて損害賠償請求する場合の大きな違いとは、前者の場合は加害者側（AI開発業者、自動運転車製造会社、運転者等）の過失を被害者が立証しなければならなかったのに対して、後者の場合には、立証責任が転換されて、上記①・②・③のすべてについて加害者側が立証する必要があるという点である。通常、裁判の際に相手の過失を立証することは困難なので、立

証責任が転換されているということは，被害者にとって大きな利点と言えるであろう。

2.3 保　険

　被害者の救済といった観点からは，保険の制度も忘れてはならない。警察庁「自動走行システムに関する公道実証実験のためのガイドライン」[6]では，そもそも「（自動運転の）実施主体は，自動車損害賠償責任保険に加え，任意保険に加入するなどして，適切な賠償能力を確保するべきである」とされており，万が一に備えて任意保険に加入しておくことが要求されている。

　さらに，国土交通省自動車局『自動運転における損害賠償責任に関する研究会報告書』[7]は，「……自動運転システム利用中の事故により生じた損害についても，……従来の運行供用者責任を維持しつつ，保険会社等による自動車メーカー等に対する求償権行使の実効性確保のための仕組みを検討することが適当である」と主張している。ここに「求償権行使」とは，まず被害者へ賠償金の支払いをした保険会社が，その後自動車メーカー等へ各々が負担すべき金額の支払いを求めることを指しており，その手続きが円滑に進むように制度整備することが，被害者救済のためにも重要であるとされているのである。

3　むすび

3.1 科学技術と法制度や倫理

　基本的に社会のルール（法制度）整備は，科学技術の後追いとなる。科学技術の発展に先回りしてあらかじめ詳細なルールを設けておくことはおよそ不可能であろうし，場合によっては科学技術の自由な発展を阻害し有害なものともなりうるであろう。

　そもそも，人工知能（AI）という科学技術自体は，特にその目的や理由がなくとも存在することは可能なのであろうが，目的や理由も必然的に存在するのが法制度（ルール）である。例えば，道路交通法は「道路における危険を防止し，その他交通の安全と円滑を図り，及び道路の交通に起因する障害の防止

に資することを目的」として存在しているルールである。そうだとすれば，コンプライアンス（法令遵守）を実践する上では，それぞれの法制度やルールが立脚している立法目的・趣旨をきちんと踏まえることが，何よりも肝要であると言えよう。すなわち，単なる法律の文言，字面だけの表面的な理解にとどまってはならないのである。

この点，「現在のように変化の早い（原文ママ）世界においては，ルールの整備はシステムの変化に引きずられる形で，後追いでなされる」ために，「クオリティの高い意思決定を継続的にするためには，明文化されたルールや法律だけを拠り所にするのではなく，内在的に『真・善・美』を判断するための『美意識』が求められる」としたうえで，人工知能ベンチャー企業を買収する際に，人工知能の暴走を食い止めるため社内に倫理委員会を設置したグーグル社を「企業哲学のレベルとして『格が違う』」と称賛する者もいる[8]。しかし，グーグル社は，利用者が位置情報を追跡しないようスマートフォンの設定を変更した場合でも実際には位置情報を収集しており，州法に違反し利用者のプライバシーを侵害していたとして，550億円の和解金を支払う事態に陥った[9]。そもそも，倫理とは異なり，州法という「明文化されたルールや法律」を蔑ろにしていたという点で，同社は「格が違う」と称賛されるどころか，むしろ「格落ち」との非難を免れまい。

グーグル社は哲学者を雇用することによって倫理的な問題の解決策を探り，それをソフトウェアに組み込もうとしてきたが，これまでのところ，その成果は出ていないといわれる[10]。このように，法律や倫理と科学技術との関係は非常に複雑であり，とても一筋縄ではいかないのである。

3.2 AI倫理確立の困難性

AI倫理は，「明確な定義は存在しないが，自律的……な意思決定を行うAIが有すべき倫理の内容やAIに倫理をもたせるための手段に関する問題領域」を意味する[11]。この「AIが有すべき倫理の内容」に密接な関係があるとしてしばしば挙げられるのが，いわゆる「トロッコ問題」である。トロッコ問題とは，自動運転車の道路前方の左には子供が，右には高齢者がおり，急ブレーキをかけてもどちらか一方への衝突は避けられない場合，どちらに避けるべきかと

いった倫理的な二者択一の問題をいい，「……このような価値観までを含めて二者択一を判断することは，自動運転システムにどんな高度なAIを装備させていても，大変難しい。必然的には，レベル4の自動運転システムでは，運行設計領域をこのようなトロッコ問題が起こりにくい条件の場所に設定することになるであろう」と主張する者もいる[12]。この点，ドイツにおける「自動運転およびコネクテッド・カーに関する倫理規則」では，人命と人命を天秤にかけるようなジレンマにおける判断を伴うプログラミングは許されておらず，わが国でも事故回避プログラムを作成する際のよりどころとなる指針等を制定すべきという声が上がっている[13]。

📖 練習問題

1　消費者庁による「AI利活用ハンドブック～AIをかしこく使いこなすために～」[14]を参考にして，私たちの身の回りにあるAIを適切に利活用するには，どのような点に留意すべきかについて，深く考えてみる。
2　総務省AIネットワーク社会推進会議による「AI利活用ガイドライン～AI利活用のためのプラクティカルリファレンス～」[15]における「AI利活用原則」と，内閣府統合イノベーション戦略推進会議による「人間中心のAI社会原則」[16]における「AI社会原則」・「AI開発利用原則」とをよく比較して，両者にはどのような共通点や相違点があるのか，そして，それは何故なのかを深く考えてみる。

┃ 注 ┃

1　https://www.mlit.go.jp/common/001182520.pdf
2　最高裁判所第二小法廷平成12年7月7日判決・民集第54巻6号1767頁。
3　なお，レベル4以上の自動運転車の運転席に乗っていた者の刑事責任を問うことは，車両の点検を怠ったことが事故原因の場合を除き，できないと思われる（アンダーソン・毛利・友常法律事務所編著『テクノロジー法務』115頁（中央経済社2019年）参照）。
4　第二東京弁護士会情報公開・個人情報保護委員会編（2019）『AI・ロボットの法律実務Q&A』pp.69-70，勁草書房。
5　人工知能法務研究会編（2017）『AIビジネスの法律実務』pp.63-64，日本加除出版株式会。
6　http://www.npa.go.jp/koutsuu/kikaku/gaideline.pdf
7　https://www.mlit.go.jp/common/001226452.pdf
8　山口周（2017）『世界のエリートはなぜ「美意識」を鍛えるのか？　経営における「アート」と「サイエンス」』p.20，光文社。

9　読売新聞2022年11月16日朝刊 7 面「不適切な位置情報収集　グーグル『和解金』550億円　プライバシー保護巡り最大規模」。

10　メレディス・ブルサード著，北村京子訳（2019）『AIには何ができないか』p.253，作品社。

11　古川直裕・渡邊道生穂・柴山吉報・木村菜生子（2021）『Q & A　AI倫理の法務と倫理』p.109・p.115，中央経済社。

12　古川修（2019）『自動運転の技術開発　その歴史と実用化への方向性』p.91頁，グランプリ出版。

13　日経産業新聞2021年 8 月27日12面。

14　https://www.caa.go.jp/policies/policy/consumer_policy/meeting_materials/review_meeting_004/ai_handbook.html

15　https://www.soumu.go.jp/iicp/research/results/ai-network.html

16　https://www8.cao.go.jp/cstp/ai/ningen/ningen.html

Part 2
マーケティング

第 6 章

意思決定に活かす マーケティング・リサーチ

> ミニケース　ある中堅企業は，全体売上の50%を占める主力商品の売上不
> 振に直面していた。マーケティング部は，低迷する主力商品の売上を回復させ
> るようなマーケティング施策を企画・実行する必要に迫られていた。
>
> 　そこで，プロジェクトメンバーの5人が集まり，どんな施策をすべきか議論
> することにした。広告を改良する，競合に比して価格を下げる，有力なコンビ
> ニエンスストアの棚に置いてもらう，パッケージを目立つようにするなど様々
> な意見が出たものの，どれもが決定打になりえるものとは思えなかった。
>
> 　あなたがプロジェクトメンバーの一員であったら，売上を回復させるような
> マーケティング施策をどのように考えるだろうか。

この章で学ぶこと

● マーケティング・リサーチとは何かについて理解する。
● 定性調査と定量調査の方法と特徴について理解する。

⚲ KEYWORD

　仮説　定性調査　定量調査

1　マーケティング・リサーチとは

1. 1　マーケティング・リサーチの定義

　マーケティング・リサーチとは，マルホトラ教授は，「マーケティングにお
ける課題（と機会）の特定と解決に関わる意思決定を改善するために，情報を

体系的かつ客観的に特定，収集，分析，伝達／普及，利用すること」（マルホトラ，2006，p.10）と述べている。

　つまり，マーケティングを実行するうえで発生する課題（や機会）を特定しそれらを解決するために，市場の情報を収集・分析して知見を導くことで，意思決定の改善につなげることともいえる。したがって，市場の情報を収集・分析することは重要であるが，それは手段であって，その目的は情報の収集・分析によって意思決定を改善させることにある。

　例えば，ターゲット顧客への認知を向上させるために，広告を検討しているとしよう。広告を制作するためには，どんなメッセージをどのように伝えるのかを決める必要がある。自分たちの感覚で，伝えたいことを伝えたいように決めることもできるが，顧客の認知を向上させるという所期の目的が達せられるかはわからない。

　そのようなときに，マーケティング・リサーチは，市場の様々な情報を収集し分析することで，顧客の価値観や広告への反応に関する知見を得ることを可能にし，どんなメッセージをどのように伝えれば，所期の目的を達せられる広告が制作できるかの手掛かりを提供してくれる。

　このように，マーケティング・リサーチは，常にマーケティングの課題やその解決に寄り添いながら，マーケティングに関する意思決定を改善させるために実行される。

1. 2　マーケティング・リサーチと仮説

　マーケティングの課題を特定しその解決策を導くためには，市場の情報を基にしながら仮説を構築し検証することが欠かせない。仮説とは，「リサーチャーが関心を持つ要因や事象に関する，まだ証明されていない記述または命題」（マルホトラ，2006，p.72）とされる。つまり，マーケティング課題の特定や解決策を導くために考察した，まだ証明されていない自分なりの仮の説明ともいえるだろう。

　例えば，あなたが担当する商品の売上が伸びていないことを想定してみよう。価格に問題があるのか，広告が陳腐化してきているのか（効かなくなっているのか），製品の差別化ができていないのか，買える店が少なくなっているのか

などいくつかの課題候補が考えられる。そこで，様々な市場に関する情報を収集・分析した結果，広告が陳腐化しているという課題が，最も確からしいと考えられたとしよう。

　しかし，ここで得られた課題は仮説であり，検証されているわけではないため，企業が行動するにはリスクが伴う。そこで，本当に課題を広告が陳腐化していると捉えてよいかの検証を行う必要がある。

　加えて，広告が陳腐化しているという課題に対して，どのような広告を創ればよいかという解決策についても，顧客の意識や反応の情報をはじめ様々な市場の情報を収集し分析しながら，課題を解決できる仮説を探索し導出する。また本当にこの仮説が正しいかどうか検証する必要がある。

　このように，マーケティング・リサーチが目的とするマーケティング課題の特定と解決策を導くためには仮説は不可欠であり，様々な市場の情報を収集し分析することは，有用な仮説を導き検証するためにあるといっても過言ではない。

　マーケティング・リサーチには，目的によって大きく2つのリサーチがある。1つに，仮説を構築するために行われる探索的リサーチである。探索的リサーチは，仮説を構築するうえで十分な情報を持ち合わせていないため，さらに情報やデータを探索し深い洞察や理解を得るために行われるリサーチのことで，対象者へのインタビュー等による定性的な調査が利用されることが多い。

　2つに，設定した仮説を検証する検証的リサーチである。検証的リサーチは，設定した仮説が本当に正しいといえるのか検証するために行われるリサーチのことで，統計的に検証する必要があるためアンケート等による定量的な調査が使われる。定性調査と定量調査については，次節で詳細に説明する。

2　定性調査と定量調査

　定性調査は，課題の背景にある理由や行動の動機・感情など数値化できない顧客の深い理解を得るために，インタビューなどによって収集した対象者の生の声や実際に観察した行動などの情報を収集するために行われる調査である。数値化できないデータの収集を目的として行われるため，調査結果は「言葉」

で表現される。

　一方，定量調査は，データを定量化し数値的な知見を得るために，調査票を利用し，対象者にアンケート形式で行われる調査である。収集されたデータは集計され統計的に分析される。数値で表現された結果を統計的に分析する必要があるため，代表性のある一定数以上の対象者で行われる。

　2つの調査法の違いについてより具体的にみていこう。例えば，あなたが担当するブランドAのマーケティング施策を立案するため，ブランドAが消費者にどのように感じられているか知りたいとしよう。

　定性調査では，「ブランドAは好きですか」と尋ねることからはじめ，「好き」との回答であれば，「どのような点が好きですか」や「なぜ好きですか」と尋ね，「デザイン」が好きとの回答であれば，「デザインのどのような点が好きですか」とさらに突っ込んで聞いていく。このように，繰り返し深く尋ねていくことで，「好き」の背景にある本質的な理由や動機・感情などの消費者の深い洞察や理解を導くことができる。

　一方，定量調査では，アンケート用紙に以下のような質問と選択肢を設定し，対象者に自分の気持ちに近いところに〇を付けてもらうことで，どの程度ブランドAが好き（例，40％の人が好き）でその要因が何であるか（例，デザイン40％，味覚40％，広告50％が好き）を定量的に捉えることができる。

Q1．あなたはブランドAがどの程度好きですか。					
	好き	やや好き	どちらともいえない	やや嫌い	嫌い
ブランドA	1	2	3	4	5
Q2．（Q1で1，2に〇を付けた人だけ）次の項目についてどの程度好きですか。					
	好き	やや好き	どちらともいえない	やや嫌い	嫌い
Aのデザイン	1	2	3	4	5
Aの味覚	1	2	3	4	5
Aの広告	1	2	3	4	5

　一般に，新しいマーケティング課題に取り組むときには，その課題の理解が十分でないことが多いことから，定性調査でより課題の深い洞察や理解を得な

がら仮説を構築する。十分な仮説が導けない時には定性調査を繰り返して行うこともある。納得のいく仮説が得られたら，それが本当に正しいのか検証するため定量調査を使って確認される。一方，定量調査で得られた結果の理解が十分でない場合，定量調査の後に定性調査が行われることもある。

3　定性調査の方法

　定性調査の方法には，対象者とのインタビューによる方法（集団面接法，個人深層面接法，投影法）と対象者のありのままの行動を観察する方法がある。

　まず，集団面接法である。現場ではグルイン（Focus Group Interview）と呼ばれることが多い。5〜6人の対象者の集団とモデレーター（司会者）で行われる。モデレーターが発する質問に対して，対象者が思っていることを話す内容に耳を傾け，そこから得られる洞察や理解がこの手法のポイントである。

　集団で行われることから，自由な流れの集団の話し合いから得られる思いがけない発見はこの手法の大きな特徴になっている。一方，数人の対象者の意見が議論をリードしてしまい，それが全体の意見となることがあり，結果の利用が誤用につながる点があることには注意が必要である。

　2つに，個人深層面接法である。集団面接法と異なり，対象者1人に対して，調査員が詳細に調査を行っていくものである。調査員は，テーマについて対象者に様々な角度から深く問いかけながら，対象者の根底にある動機，信念，態度，感情などを明らかにしていくことがポイントである。

　集団面接法のように，ほかの対象者による影響を受けることがなく，対象者の深い洞察や理解につながるため，課題の背景にあるものや本質をつかみたいときに利用される。一方，1人1人にインタビューを行うことから，一定の調査数を確保するために手間と時間，費用がかかる点には注意が必要である。

　3つに，投影法である。個人深層面接法のように，対象者1人に対して調査員が詳細に調査を行うが，直接聞きたいことを尋ねずに，間接的な質問形式をとる点で個人深層面接法とは異なる。

　例えば，なぜ紅茶を飲むのかについて聞きたいとき，"紅茶をなぜ飲むのですか"と聞かずに，紅茶を飲むことについて，思い浮かんだことやそのときの

気持ちを表す絵や写真を持ってきてもらい，その写真や絵に対して様々な角度から深く尋ねる手法である。写真が現していることを繰り返し尋ねることで，対象者自身も認識していない紅茶への感情や意識，ニーズなどを捉えることができる。

最後に，観察法である。対象者に対してインタビューをする方法とは異なり，対象者が普段行っている何気ない行動手順や行動パターンを調査員がつぶさに観察し，対象者自身が無意識に行っている行動のクセやパターン，商品の使い方の特徴などを調査する手法である。

ファッションなどの流行の傾向を把握するための街頭観察，スーパーなどの店内レイアウトや棚の改善のための店頭観察，新製品開発や製品改良のための自宅観察などがある。

4 定量調査の方法と流れ

4.1 定量調査の方法

定量調査は，定性調査とは異なり，調査票を使って調査が行われる。その方法は，対象者へのアプローチの違いでいくつかの手法に分かれる。

1つに，訪問面接調査である。調査員が1軒1軒自宅に訪問し，調査票に従って調査するもので，直接1人1人の対象者に会って行うため，説明を要する質問がある場合や回答方法の理解が困難などの際に適した手法である。直接対話方式で確実な回答が得られやすいメリットがある反面，不在や回答拒否による回収率低下や，結果を得るまでの時間が長く費用が高くなることが多いことから，現在はあまり使われなくなった手法でもある。

2つに，集合調査である。CLT（Central Location Test）とも呼ばれる。対象者に1カ所の会場に集まってもらい，その場で調査票に従って調査するもので，実際に商品や試作品を見たり，食べたり，触れたりすることができるため，その具体的な性能，味覚，パッケージ，ネーミングなどの評価に関して，精度の高いデータを得ることができる手法である。特に，商品や広告の開発における試作品の反応などを評価する際に使われる。

65

3つに，ホームユーステストである。商品を実際に消費者の家庭で利用してもらい，その後調査票に意見や感想を回答してもらって調査する。自宅などで実際に利用しながら回答してもらうため，記憶に頼らずに実感としての情報を得ることが可能である。家庭で実際に利用しながらでないと評価が取りにくい商品，例えば洗濯用洗剤やシャンプー，鍋やタッパーなどに適する手法である。

4つに，郵送調査である。調査票を対象者に郵送し，記入してもらい郵送返信してもらうことで調査するもので，全国規模の広い地域で調査を行っても比較的低コストで実施できることや直接面接しにくい対象者に適した手法であるが，回収率が低いこともありインターネット調査に代替される傾向にある。

5つに，インターネット調査である。インターネットを使い対象者に調査票を配布し調査するもので，集計結果が得られるまでの期間が短く，費用が安く抑えられるため，現在主流の手法となっている。一方，商品や試作品を見たり食べたりした後の評価を得たり，実際に利用してもらった後の意見を得るような調査には適さない手法でもある。

4.2　定量調査の流れ

定量調査を行うためには，調査課題に応じて適切な調査方法を決めたら，調査対象グループを設定し実際に調査をする対象者を決める必要がある。具体的には，20代の男女や大学学部生の男女のように設定する。

調査対象グループを決めたら，対象者に調査を行うことになるが，全員に調査を行うわけではない。例えば，大学学部生の男女に調査を行おうとしたら，263.2万人（文部科学省「令和4年度学校基本調査（確定値）」p.2）の学生に調査をすることとなり，調査から得られる情報の効用と調査にかかる時間や費用のコスト面からあまり効率的ではない。

そこで，全体の傾向を失わないように，実際に調査をする人を選ぶのである。重要なことは，偏った選び方をしないということである。例えば，大学生の男女を選ぶ際，特定の大学から対象者を選べば大学生全体の傾向ではなくなる。したがって，どの大学生も等しく選択される確率を担保した形で選択される。実際に調査を行ったあと，集められた調査データは数値化され，視覚的に捉えやすいようにグラフ化されたり，統計的に分析される。

5　マーケティング・リサーチの実務

　最後に，マーケティング・リサーチがマーケティング課題の特定やその解決にどのように活かされるか，広告制作の事例によって確認していくことにする。今まで学んできた調査手法がどういった状況で使われ，マーケティング課題の特定やその解決にどのように役立っているか考えながら読み進めてほしい。

【課題の特定】

　ブランドA（清涼飲料）は，顧客からの高い支持を獲得し，No.1ブランドに君臨していたが，ここ数年は売上の伸び悩みがみられていた。売上をユーザー別（飲用者別）に分析すると，メインユーザーである20～40代女性には十分受け入れられていたものの，男性や20代未満の若年層には相対的に低く伸び悩んでいた。

　特に中高生では，認知率（知っている人の割合）や飲用経験率（飲んだことある人の割合）は高く保たれていたものの，ブランドイメージは希薄化しブランドと中高生との関係が弱くなっていることが定性調査で窺われた（仮説の構築）。また，定量調査でも同様の傾向が確認できた（仮説の検証）。

　中高生の取り込みは，ブランドの将来の成長性という点でも重要と考えられ，「中高生へのコミュニケーションを改善する」という課題を設定（特定）し，メインユーザー向けの広告はそのままに，中高生に響くような広告を新しく創り，中高生のブランドイメージを上昇させ，ブランドと中高生との関係を改善させることを目指すこととした。

【解決策】

　どのような広告を創ればよいかという広告コンセプトの仮説を探索するために，ターゲットである中高生が何に関心を持ち，どういったことに反応し響くのかを，特に中高生の会話の中から思いがけない発見が得られやすい定性調査を使って調査を行った。同調査を繰り返すことで，中高生が考え感じていることや抱えている葛藤などに迫ることができた。

得られた調査結果を議論し，ターゲットである中高生の琴線に触れるような広告コンセプトの仮説を構築した（仮説の構築）。仮説を精緻化しながら，広告代理店と協働し実際の広告制作を行った。

　広告はできてもこの段階で流すことはできない。本当にターゲットである中高生に受け入れられるかわからない。そこで，実際に広告の試作案をみてもらい，その評価を定量的に把握できる調査を行った。反応は良好で，高い評価を獲得し，統計的分析により期待される成果があげられる確証を得ることができた（仮説の検証）。

　そして，定性調査，定量調査による結果のデータを中心に，経営会議に諮られ，制作された広告を流すかどうかの審議が行われた。定量調査による高い評価が決め手になり，この広告を流すことが決定された。

　その広告をどのような媒体（テレビ，新聞，交通，インターネットなど）にどの程度の量を流すのかを検討し，計画を策定したうえで広告を出稿した。特にターゲットが中高生であることを意識し，インターネットやYouTubeなどの媒体に注力した。

　広告が所期の目標を達成できているか，達成できていないとすれば何が問題かを確認する調査も集計結果までの期間が短く，費用が安く抑えられる定量調査を使い実施した。

　このようなプロセスを踏んだ新しい広告は，大きな話題となり中高生とブランドとの関係を改善させることにつながった。

練習問題

1　マーケティング・リサーチは，どのように課題を特定しその課題の解決策に導くのか説明してください。
2　マーケティング・リサーチの実務（広告制作の事例）の【解決策】で利用されている定量調査，定性調査はどのような調査方法が適切か説明してください。

参考文献

石井栄造（2001）『図解でわかるマーケティング・リサーチ』日本能率協会マネジメントセンター
文部科学省「令和4年度学校基本調査（確定値）の公表」

https://www.mext.go.jp/content/20221221-mxt_chousa01-000024177_001.pdf
マルホトラ, N. 著, 小林和夫監訳 (2006)『マーケティング・リサーチの理論と実践
　　〜理論編〜』同友館

第 **7** 章

流通視点によるビジネスの理解

ミニケース　普段の生活を思い返してみる

　平日の生活を思い浮かべてみよう。朝起きたら洗面し着替えて身支度を整え，何かを口にしてから，学校や会社に向かう（自宅での学習や勤務もあるが）。

　昼の休憩は昼食を食べる時間だ（それ以外にやることもあるけど）。弁当だったり食堂だったり外食だったり，方法や内容は色々だけど空腹を何かで満たす。当然，午前中も午後もやるべきことをやって，家路へ向かう。

　家で夕食を食べるとして，用意されているか買い置きがあるのでなければ，調理用食材か弁当（ついでにお菓子かツマミ？）を買って帰る。フロが先かゴハンが先かはそれぞれとして，着替えた服でくつろぎ，自分の時間を過ごして寝る。

　日々接しているモノは多いのだが，なぜそこにあり，そしてどのような経路を経て私たちの手元に届いたのか，具体的に説明できるだろうか。

この章で学ぶこと

● 流通とは何かを，具体的に理解する。

● どんな流通関連のビジネスがあるかを把握する。

● ビジネスの連携を理解するために複数の流通視点を持てるようになる。

🔑 KEYWORD

　流通　小売業　小売業態　卸売業　サプライチェーン　流通機構

1 そもそも流通とは何だろうか?

1.1 自身の生活を取り囲んでいるモノ

　毎日接しているモノ，あなたの回りだけでもいいので，何があるかを考えてみることにしよう。接しているというより取り込んでいるモノとしては，飲み物や食べ物がある。たぶん，口にするのは，＜好きなモノ＞か＜嫌いじゃないモノ＞だろう。わざわざ食べたくないモノを口にすることはないと思う。

　1日3回ほど飲食物に接するが，1日の中でもっと長い時間接しているモノがある。それは衣料品で，着替えるとしてもほぼ一日中，何かの衣服が肌に接している。家に居る時に着ている服は＜好きなモノ＞か＜嫌いじゃないモノ＞だろう。それ以外にも，家の内外で使う学習用品や仕事用品，家庭内で使う洗面用品や風呂用品など，数えればドンドン出てくると思う（**図表7-1**参照）。

1.2 自分が手に入れるモノの入手先

　もし，欲しいモノをお願いすると，それがタダで出てくる"魔法の箱"が，

図表7-1 私たちの生活を取り囲んでいるモノの例

食料と冷蔵庫　　　飲料とカップ　　　タブレットと椅子　　　書籍と本棚

家にあるならば，モノを買う必要はない。だけどそんな箱は（少なくとも今の
ところは）出現していないので，モノを入手するには買わなければならない。

　生活を取り囲んでいるたくさんのモノをどこで買うのか。店で買うことにな
る。そして私たちの周囲には複数の店があるのが普通であり，これらの店の中
から買いに行く店を自分が欲しいモノによって選んでいる。「ちょっと待って，
並んだ写真の中から選んで欲しいものをポチッとボタンを押すと，しばらくし
て玄関前に現れるスマホという"魔法の箱"があるよ（お金取られるけど）。
スマホって店じゃないのでは……」と思うかもしれない。

　お金を渡してモノを受け取ることを「取引」と言うが，インターネットで注
文して自宅にモノが届くのも，1つの取引である。インターネットの注文でき
るサイトはこれも1つの「店」と捉えよう。

1.3　「流通」の捉え方

　私たちがモノを手に入れて使うことを「消費」と言い，私たちは「消費者」
とも呼ばれる。身近な消費の例として，まず飲食を考えてみよう。道を歩いて
いてノドの渇きを感じたとする。近くにコンビニエンスストア（コンビニ）が
あればそこで買って飲むだろう。自宅で料理する素材を買うならば，たぶん
スーパーマーケット（スーパー）に買い物に行く。健康関連のサプリメントが
欲しいのならばドラッグストアに行くことを選ぶかもしれない。

　また，文字通りに普段の生活で私たちが接しているものとしては服がある。
服が必要だと思ったらどうするだろう。馴染みのブランドがあるならインター
ネット・ショップで注文するかもしれない。ショッピングモールの店舗に行っ
て，気に入ったデザインやサイズの服を選ぶかもしれない。たまたま見掛け，
入った古着屋さんで見付けた服を気に入り，買うこともあるだろう。

　食料品にしても衣料品にしても，どこかの店で買うことになる。これらの店
は「小売業」とも呼ばれる。これらの小売業には，たくさんの商品がある。店
内でパンや総菜を作る店もある。しかし，その素材から含めたら，これらの商
品は小売業がすべてを製造しているわけではないことは皆さんもわかると思う。

　農畜産従業者が生産したモノや，漁業従業者が収穫したモノは，主に生鮮品
として出荷され，これを仕入れた小売業は販売に適するサイズにパックした商

品として販売する。加工されたいろいろなモノを作る会社は「製造業」と呼ばれる（食料品の場合は「食料品製造業」となる）。消費者が買って使用するモノは「消費財」とも呼ばれ，その作成者は消費財製造業である。小売業が販売している商品は，これらの製造業が作成したモノである。小売業は，モノを消費者に届けるサービスを提供していることになる。

　この生産され出荷されたモノが消費者の手に届くように活動している一連の企業などは「流通業」と呼ばれ，「流通」とはこの活動全体ということになる。流通とは「必要とされるモノを必要とされる場所へ必要とされる時に届けるサービス・ビジネス」である。この仕組みを「流通機構」と呼ぶ場合もある。

2　どんな流通ビジネスがあるか?

2.1　小売業という流通ビジネス

　私たちはいろいろなお店で欲しいモノを買う。お店でソフトドリンクを選ぶ時，いろいろなタイプ（炭酸有無，果汁有無，糖度など）やサイズや価格が違う複数商品（「品揃え」と言う）から選んで買うことができる。それぞれの小売店舗の違いは，立地以外では，このような店ごとの品揃えの違いと捉えることもできる。

　もしスポーツドリンクを買いたいと思ったとしても，街中で飲料だけを売っている店を見掛けることは少ない。特定の分野だけを品揃えしている店を「専門店や業種店」と呼ぶ。野菜や果物を売っている青果店，海産物を売っている鮮魚店，肉類やその加工品を売っている「精肉店」など，特定の商品分野に限定していろいろな商品を扱う飲食料品専門店は日本で減少してきている。

　スポーツドリンクを買いたい時，身近にある店，具体的にはコンビニとかスーパーとかドラッグストアなどを利用することがある。これらのお店では，同じモノを販売していることもある。しかし，同じモノを販売していてもビジネスのスタイルが異なる場合がある。小売業のビジネスにおいてコンビニとスーパーを比べると販売スタイルが違うと言われている。このように，販売するスタイルが違うと判断された小売業の分類を「小売業態」と呼ぶことがある

（**図表7－2**参照）。

　日本におけるコンビニエンスストアの販売スタイルの特徴としては，「利便性（すぐにそのまま消費できるものを比較的小容量の商品として長時間営業で販売）」であると言われている。また，食料品を中心に扱うスーパーマーケットの特徴としては，食料品に関しての「ワンストップ・ショッピング（青果店や鮮魚店や精肉店などを買い回らずに同じ店の中で買える）」が挙げられる。

2.2　卸売業という流通ビジネス

　私たちの生活に必要なモノの数が多いのは，この章のはじめで確認している。それらの中でいろいろな加工されたモノを作るのが製造業である。工場で生産される加工品は，それぞれの加工品ごとに原材料も製造機械類も加工工程も異なるものが多い。そして，1つの工場で何でも作れるわけではないので，多くの工場を適切な場所に個別に作る結果となる。そして，多くの異なるモノを作るためには，異なる経営が求められることとなり，企業として独立した数多くの製造業者が必要となる。

　小売業の説明で，複数の小売業態を示した。小売業が扱う商品の数を「アイテム数（同じ商品名でもサイズや素材が異なる場合はすべて別アイテムとして

図表7-2　経済産業省『商業動態統計』における主な商業分類

業種別卸売業の分類	主要な小売業態の分類
1．繊維品	1．百貨店・スーパー
2．衣服・身の回り品	2．コンビニエンスストア
3．農畜産物・水産物	3．家電大型専門店
4．食料・飲料	4．ドラッグストア
5．建築材料	5．ホームセンター
6．化学製品	
7．鉱物・金属材料	
8．機械器具	
9．家具・建具・什器	
10．医薬品・化粧品	
※「各種・その他」は除く	

［出所］経済産業省「商業動態統計」https://www.meti.go.jp/statistics/tyo/syoudou/index.
html

カウントする）」と呼ぶ。一般的に日本では，コンビニエンスストアの1店舗で数千アイテム，スーパーマーケットで数万アイテム，ドラッグストアで1万アイテム以上が陳列されていると言われている（ただし，店舗規模や経営方針で異なる場合もある）。

　数多くある製造業は，販売には手間を掛けずに限られた工場で製造した大量の製品をまとめて出荷したいと考える。人の生活するところに分散して数多く営業している小売店舗は，多様な商品（上記の各業態店舗では数千〜数万アイテム）を，特定の期間で売り切る（「欠品」にもならず「過剰在庫」にもならない）ようにするために仕入れる必要がある。売れ行き状況は時とともに変動するので，アイテム構成も仕入量もそれに合わせて変動できないと困る。

　多くの製造業の「限定された製品を一括して大量に出荷したい」，多くの小売業の「多数のアイテムをそれぞれ必要な量だけ仕入れたい」，このような食い違う要望を間に入って調整する役割を担っているのが卸売業となる（**図表7−2参照**）。生鮮品でも同様である。多数の生鮮品の生産者がいる。それらの多数の生産者と多数の小売業者との流通を調整する役割を生鮮卸売業が担っている。

2.3　運輸業という流通ビジネス

　ここまでの小売業の説明では，実際に商品が陳列して販売され，店舗で買って持ち帰る小売業を中心に説明を進めてきた。ただ，インターネットで注文して自宅にモノが届く仕組みも，注文できるサイトが「店」ということは述べた。通常，そのようにインターネットで購買した商品を自宅などの配達先に届ける場合，配達専門の企業（通販の場合は「宅配業者」）が使われている。購買時に「配送無料」と表示される場合もあるが，配送作業にコストが発生しないわけではなく，そもそも配送料込みの価格が提示されていることになる。

　消費者が使用しているモノは消費財であり，作成者は消費財製造業である，と述べた。通常，消費財製造業は，原材料を使用して消費財を作るのであるが，原材料までは自社で製造していない。製造に使用される原材料は「生産財」と呼ばれるが，これらを製造しているのは生産財製造業である。そして生産財製造業も，製品を作るための農産物や鉱工業産出物などの素材が必要となる。

このようにみると，流通の流れとして「素材生産者⇒生産財製造業者⇒消費財製造業者⇒卸売業者⇒小売業者⇒消費者」という長いつながりがあることになる。この長いつながりは「サプライチェーン」と呼ばれることもある。そして，このサプライチェーンのつながりの「矢印」の部分は，モノを運んだり保管したりする機能を担い，「物流」とか「ロジスティクス」と呼ばれる。矢印の前後の「○○者」自身がロジスティクスの機能を担う場合もあるが，委託を受けた運輸業者が重要な役割を担っている場合も多い。

3 複数の視点から流通を見る

3.1 消費者の視点から流通を見る

あなたの生活圏（家の近くとか学校や職場の近く）に普段の買い物で使えるお店が，1店舗しかないということは少ないだろう。多くは複数の店があり，どれか馴染みの店を決めていたり，時と場合で使い分けたりしていると思う。その場合の選ぶ基準は何なのだろうか。店までの距離・営業時間・品揃えの豊富さ・通常価格の安さや特売の多さ・店の雰囲気など，実は多様な要因が関連しているだろう。そして店に来る客層・客数は，そのような要因により変わる。

私たちが選ぶ要因の良し悪しが影響して店の売上は上下することになる。大きく利益が出るならば店や売り場が増えるかもしれないし，大幅な損失が出るならば閉店するかもしれない。私たちの行動が，私たちを取り巻く小売業の状況を変化させていくとも言える。小売業の説明部分で，生鮮品専門店としての業種店は減少傾向と書いた。この減少した時期に，食品スーパーの店舗は増加する状況であった。これは消費者の購買行動が，青果店や鮮魚店や精肉店などを1店1店訪れて買い回るより，1つの店舗で済むワンストップ・ショッピングを多くが求めたという結果によるとも考えられる。

また，店舗を訪れて買い物をするのではなく，パソコンやスマートフォンの画面で選んで自宅に届けてもらうことを消費者が多く選ぶようになると，インターネット・ショップの売上は増加することになる。特に，生鮮食品のように鮮度維持・衛生管理を必要とせず，店で買って当日すぐに使いたいわけではな

い日用品などの場合は，ネット通販の利用は高まる傾向にあると考えられる。

3.2 企業の視点から流通を捉える

　小売業の視点から流通を捉えてみよう。特定の店舗の周りには，競合する複数の店舗があるのが普通である。他店ではなく自店を選んでもらうためには，店の近くに生活している人数・営業時間・品揃えの豊富さ・通常価格の設定や特売の頻度・店の雰囲気など，多様な要因を調整して「店舗の独自性」を出し，多くの消費者が来店するように魅力度を高める必要がある。

　小売業の各店舗のスペースには限りがあるので，品揃えを多くすると1つ1つのアイテムを並べる陳列数は減少するので1つ1つのアイテムの在庫は多く持つ余裕はない。逆に，仕入れ値を安くするためには1つのアイテムを大量に仕入れる必要がある。そこで，小規模な小売業は扱う多様な商品類を別々の製造業者からではなく一括して卸売業などから仕入れる。こう考えると，小売業はどのように仕入れ・在庫し・陳列するかがビジネス上での重要点であることがわかる。それに対応して，個別の店舗の仕入れを一括して行えるようなチェーンストアやフランチャイズチェーンという仕組みも構築されている。

　インターネット・ショップでは，アクセス可能ならば誰でも何時でも見られるので，品揃えの独自性・通常価格の設定や特売の頻度・ネット画面での商品検索の容易さや購買手続きの簡便さなどが「店舗の独自性」となるだろう。店舗と違って，配送料も当然購買決定の要因の1つになる。

　次に，製造業の視点から流通を捉えてみよう。生産量を限定して作成し必ず売り切る製造業がある。消費者から注文を受けてモノを作成する製造業もある。しかし，多くの製造業は，利益の維持や向上を目指し，生産量が制約される状況なら1つの製品からの利益が多くなる方向で，増産が可能であるならば出荷量を多くする方向で，より売上の増加が望ましいと考える。

　消費者の購買量が多くなり続けなければ，出荷量は継続的に増加しない。そこで消費者に対しては広告・宣伝などのプロモーション活動で製品の特徴や魅力を訴求する。また，流通業者に対しては，製品の仕入れを担当する役割のバイヤーと自社製品の仕入れ条件に関しての交渉を行い，多くの店舗に製品が導入されるようにすることが重要となってくる。

図表7-3　綿100%Tシャツの流通過程

番号	各段階の内容	（※生産財としての流通過程も含む）
①	綿花栽培：素材である綿を収穫するために綿花を栽培する	
②	綿糸製造（紡績とも言う）：綿花から綿糸を作成する	
③	綿生地製造：綿糸を編み立てて綿生地を作成する	
④	綿生地染色：色を付けたい場合は染料で綿生地を染色する	
⑤	Tシャツ縫製：綿生地を縫い合わせてTシャツを作成する	
⑥	Tシャツ納品：完成したTシャツが製造業者から小売業者に渡される	
⑦	Tシャツ販売：Tシャツは価格を設定され，店舗で販売される	
⑧	Tシャツ購買：Tシャツを気に入った消費者に買われ，着用される	
⑨	着用の終了：何らかの理由で購買消費者に着用されなくなる	
⑩	リサイクル・廃棄：古着として別の消費者が購買するか廃棄物として処分される	

［出所］複数の衣料品関連企業サイトでの提供情報を参考として筆者が作成

3.3　モノの視点から流通を考える

　消費者視点や企業視点から流通を見てきたが，次は視点をモノに移すことにする。具体的な製品のほうがイメージをつかみやすいと思うので「綿100%Tシャツ」の流通を見てみよう。**図表7-3**がTシャツの素材からの流れである。

　まずこの事例で気付くのは，多くの段階において生産財としてモノが流通していることである。そして，日本で販売されている多くのTシャツにおいて，①〜⑥のような工程は，国外で実施されている。これは日本だけではなく，先進国と呼ばれる多くの国においても，衣料品の製造工程は，国外で進められる場合が多い。

　衣料品の製造工程が国外で実施される理由としては，製造費だけでなく輸送費などを含めても国内生産より低価格で生産できるなどの理由がある。ビジネスとしてコストダウンを指向することは合理的とも判断されるが，流通業者に対して「フェアトレード（公正な取引や流通）を！」という言葉が使われることがあるように，製品の生産地となる場合が多い開発途上国での悪い労働環境や低い賃金などについて，実態を調べると公正な取引ではないと判断され，製品の製造委託業者や小売業者に対し，商品の製造や流通上の問題（発注者や販売者の責任）と指摘されることもある。

　また，このような衣料品おいてのみならず食料品においても，流通段階で実際の販売量よりも事前の発注量が多くて売れ残った在庫品を廃棄物として処分しなければならない量が多いとのことで，これは流通過程における課題（衣料ロスや食品ロスとも言われる）との指摘もある。ただ，衣料ロスや食品ロスに関しては，商品購買後の消費者における"まだ使えるモノ"の廃棄に対する課題（流通のみならず経済システム上でも）としても取り上げられる場合がある。

4　ビジネスにおける流通視点

　ここまで，私たちの生活において身の回りには多くのモノがあり，それらは流通の仕組みがあることによって容易に入手が可能であることを示した。街中にある販売店で弁当と飲料を買うなら，それぞれ複数の種類の中から欲しいモノを選ぶことが普通である。その店が気に入らなければ，別の店を探して買うこともできるはずだ。私たちが＜好きなモノ＞か＜嫌いじゃないモノ＞が選べるのは，それが可能となるだけの多様な品揃えというサービスがそれぞれの店で独自の販売戦略により提供されるからなのである。

　逆に，商品の数が多過ぎて，選ぶのに困るという状況があるかもしれない。**図表7－4**に示される製品特性のマークは，どの企業の製品にも条件を満たせば同じマークが設定され，消費者の選択段階における判断の便を考えている。

　コンビニで欲しい弁当と飲料を棚から取ってレジに行けばすぐにスキャンして合計金額が表示される。それはアタリマエと思うかもしれないが，それが実

図表7-4　私たちの生活を取り囲んでいる製品特性のマーク

ウールマーク
素材の成分認証

有機JASマーク
食品の生産方法認証

PET製品マーク
リサイクルの適性認証

現されるためにはどの商品にも読み取りが可能なバーコードが付いているからであり，それを読み取り計算するシステムがあるからスキャンが可能なのである。

　このように，実は製品を製造する時点で，現在の流通状況に合わせて，多くの販売されているモノの中で特定のモノの特性をわかりやすく表示するマークを付けたり，小売店で買う時に簡易に会計できるようなバーコードが付けられたりしている。このことは，特定企業だけの利益のためというよりも，流通機構という複数のビジネス企業が連携している状況における効率化を推進する，という広い視点から捉えたほうがその意味が理解しやすいように思う。

　そして，このような＜欲しいモノがすぐ手に入る＞という今の日本ではアタリマエとも思われている状況は，その裏を調べると結構複雑な流通機構という仕組みによって支えられているのであり，そしてこの仕組みは，消費者や生産者の変化とともに，今後も変動していくものであると捉えるべきであろう。

練習問題

1　あなたの流通についてのこれまでの認識と，この章で「流通」について勉強したこととの違いをまとめてください。
2　あなたの持っている複数の服に付いているタグを見てみよう。探せば「Made in Japan」ではないものもあると思う。なぜそうであるのかを考えてみよう。

参考文献
石原武政・竹村正明・細井謙一編著（2018）『1 からの流通論（第 2 版）』碩学舎
崔容熏・原頼利・東伸一（2022）『はじめての流通［新版］』有斐閣

ヒトを中心にしたマーケティング

ミニケース　　あなたがケーキショップを新たに開業することになったとしよう。どのようにビジネスを展開をしたらいいだろうか。ライバル店の動向を探りつつ，腕のいい職人さんを雇い，良質の食材を集めて，定番から流行りまでケーキを作って揃えたら，お店は繁盛するだろうか。

　　ケーキショップをお客様の立場から考えてみよう。あなたの好きなケーキショップを思い出してもらいたい。なぜ，あなたはそのケーキショップが好きなのだろうか。ケーキがおいしいのは当然だろうが，それだけだろうか。そのお店に個性があり，経営者の顔（個性）が見えるビジネスをしているのではないだろうか。

　　マーケティングはお客様を対象にしているが，お客様に喜んでもらえるマーケティングはどのように行ったらいいだろうか。

この章で学ぶこと
- マーケティングは顧客を中心に据えた企業活動であることを学ぶ。
- 上記のマーケティングには顧客との絆づくり活動が重要であることを学ぶ。
- 絆づくり活動の方向性とユニークさを決めるのはビジョンであることを学ぶ。

🔑 KEYWORD
　思考・哲学としてのマーケティング　顧客にとっての価値　絆づくり活動
　体験価値　ビジョン

1　思考・哲学としてのマーケティング

　マーケティングには2つの側面がある（**図表8-1**）。1つは，戦略としてのマーケティングである。これは，経営戦略の下位概念として位置づけられる。

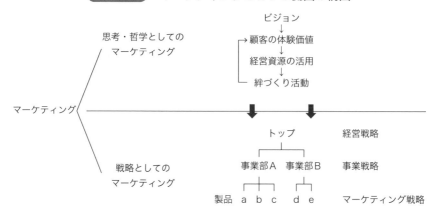

図表8-1 マーケティングの2つの側面の構図

そのため，マーケティングが企業活動の末端として位置づけられ，製品を販売する活動だとみなされる。

　もう1つが，モノの見方，つまり，〈思考・哲学としてのマーケティング〉である。マーケティングが日本へ導入されたのは，1950年代である。70年間のマーケティングの歴史を振り返ると，戦後の絶対的なもの不足時代の「つくった物は売れる」という生産志向や，高度経済成長期の「（売れるので）つくった物を売る」という製品志向，低経済成長期の「（簡単には売れないが）つくった物は売る」という販売志向，公害など社会問題を経て「売れるものをつくる」という消費者志向，バブル経済崩壊後の「消費者との関係を重視する」という顧客志向というように，〈思考・哲学としてのマーケティング〉の中心的な考え方は変化してきた。70年の間に，つくった物を売って売上を上げるという発想から，顧客満足の実現を通して結果として売上や利益を確保するという考えへ変ったのだ。

　〈思考・哲学としてのマーケティング〉の重要性を主張している研究者を紹介する。

　1人目は，ドラッカー（Drucker, P. F.）である。「事業の目的は，顧客の創造であり，そのための基本機能は，マーケティングとイノベーションである。顧客の観点からみれば，マーケティングは実に事業活動そのものにほかならな

い。…（中略）…それゆえ，事業のあらゆる領域において，すべての人が，マーケティングに関心を持ち，責任を持つ必要がある」（ドラッカー［1987］pp.47－49）。ドラッカーは，マーケティングは単なる販売活動ではないということを，販売志向時代以前から主張している。

　2人目は，レビット（Levitt, T.）である。企業が自社の事業を定義するとき，製品やサービスではなく，その機能や顧客の目的で定義することが重要であることを，多くの事例を挙げてレビットは主張する。ある産業が成長する。そして成熟し，場合によっては他の産業に顧客を取られてしまう。例えば，「映画産業が発展した後テレビの普及で，映画産業が振るわなくなる。映画会社が自社の事業を「映画」だと規定すると，テレビに顧客を取られるだけだ。しかし，映画会社が自社事業を「エンターテインメント」だと規定すると，映画だけではなくテレビ番組を制作することもでき，テレビ業界でも成功する可能性をもつことになる」（レビット，1960，pp.53-54）。

　物質的に豊かな現代社会は成熟市場であり，製品やサービスが注目されることで伸びる成長市場を望むことは難しい。成熟市場では，顧客を中心に考えることが重要になる。それがわかっていても，製品やサービスをつくってどう売っていくかということを考える企業は少なくない。売ることが主眼になるので，それは販売（セリング）であり，マーケティングではない。

　本当に顧客に喜んでもらえる製品を開発できたらいいのだが，他社製品との機能・性能競争に陥って，結果的に競争相手とのシェア争いに必死になることもある。

　また，顧客との長い付き合い（長期的な関係性）が重要だとわかっていても，収集した大量の顧客データを分析できずに，売上志向を脱しきれない企業もある。顧客データを分析できても，いかに効率的に売上を上げるかという方向でしかデータを活用できない企業もある。ちなみに，儲けにはしってしまうマーケティングに対して最近では，「モーケティング」という言葉まで出てきている。

　ではなぜ，マーケティングが販売志向になってしまうのか。例えば，読者のあなたが担当する製品の売上の増減次第で，自身の次年度の給料や肩書が決まるとしたら，それでも顧客志向で仕事を続けることができるだろうか。

　顧客志向のマーケティングの場合は，まず，顧客の困り事を解決したり願望を実現したりする事業や製品・サービスを考える。次に，いくらなら顧客はそれを買ってもいいと考えるか，その価格を実現するにはどのような原価で生産できたらいいのか。その原価を守りつつ，製品を生産する適切な手法も考える。売れる製品を作って売るとは，こういうことだろう。

　また，顧客との長期的な関係性を構築する場合も，まず，顧客が自社製品を使い続けたいと思ってもらえるにはどうしたらいいかを考える。製品だけではなく，接客サービスも重要になる。特に接客サービスに関しては，来店などを通して，顧客とは無数のインタラクティブな接点が生じる。その接点で入手できる顧客データは，購買履歴だけはでなく，顧客満足調査による接客の評価データもある。これらのデータは，製品のみならず接客サービスの改善にも活かされる。その結果として，利益を得，顧客との付き合いはさらに長くなっていく。つまり，大事なのは次の考え方である。顧客のためのどのような事業や製品・サービスを創りたいのか，それを実現するにはどうしたらいいのか，そのプロセスを詰めていく。そのアイデアやプロセスに関する意思決定の判断に顧客情報を活用する。

　以上のように〈思考・哲学としてのマーケティング〉は非常に奥深く，だからこそ面白く無限の可能性を秘めている。

2　顧客価値とは何か：ネスレの2つの例

2.1　お守りとしてのKit Kat

　顧客に満足を提供するにはどうしたらいいのか。それは価値を提供することで実現できる。では，価値とは何か。皆は〈顧客にとっての価値〉をどのように考えるだろうか。

　キットカットという菓子を知らない人はいないだろう。ネスレを代表する菓子である。キットカットはどのような価値を顧客に提供するするのだろうか。キットカット自体は，ウエハースをチョコレートでコーティングした菓子である。キットカットを食べている人は美味しいと感じて食べているが，それは

キットカットの真の価値ではない。キットカット独自の顧客価値は「お守り」である。皆の中にも受験生だった時にキットカットを親しい人からもらった人も少なくないはずだ。キットカットは受験生応援のブランドとして，多くの人に認知されている。受験シーズンになると，スーパーマーケットの菓子売場に受験生応援の棚が設置されるくらい多くの類似商品があるにも関わらず，キットカットのブランド力はずば抜けている。なぜずば抜けているのか。応援されている受験生が受験勉強のあいまにプレゼントされたキットカットでほっこりする（＝ブレイクする）。そこには，夜中に家族が自分の部屋に持って来てくれる菓子とは一味違ううれしさがある。そして，「さあ，またがんばろう!」と心のスイッチを入れて机に向かう。受験を乗り越えると，次は自分が身近にいる受験生を応援する側にまわる。このプロセスには，顧客の記憶に残るうれしい体験がある。キットカットの "Have a Break, Have a KitKat" には無数の顧客体験が重なっている。

　そして今では，受験生への激励の意味だけではなく，恋愛やスポーツのシーンなどでも，心の支えのような存在として，大切な人への応援や感謝の気持ちを伝えるコミュニケーション・ツールとして親しまれている。つまり，「お守り」としてのキットカット独自の顧客価値が生み出されているのである。

　このように，顧客は顧客でキットカットにずっと愛着をもち続ける。ブランドは企業だけのものではなく消費者のものでもあると言われるが，それを推し進めるのが，ブランドの想起機能である。文字通り想い起こす機能である。キットカットと言えば，過去の自分の心温まる経験が想い起こされる。顧客にとっては，自分の思い出と共にそのブランドがあるのだ。

2.2　コミュニケーションを促進するネスレ・バリスタ

　ネスレといえばもう1つ，ネスカフェ・バリスタがある。インスタントコーヒー専用のコーヒーサーバーである。こう言ってしまうと魅力を感じにくいが，この製品は世の中の消費者の変化を察知して開発された。発売開始は2009年だが，その前から日本では喫茶店が減少し，スターバックスに代表されるカフェが台頭してきていた。「スタバで飲めるコーヒー系飲料が家でも飲めたらいいけど…」という，消費者が無意識のレベルで感じた，あきらめのような想いに

気づいたのがネスレである。インスタントコーヒーを使って，自宅で手軽に泡立ちのいいコーヒー飲料を楽しめるようにしてくれたのが，ネスカフェ・バリスタだ。マシンのボディも鮮やかな赤など，つい目に留まるデザインだ。

なぜこのようなデザインなのか。キッチンではなくリビングに置いてもらうことを意識して，ネスレはバリスタをデザインした。家族や友人らとの語らいに，泡立ちのいいコーヒーに加えて，このマシンも話題にしてもらいたいという意図がある。コーヒーサーバーでありながら，コミュニケーションを促進することを目的とした商品なのである。

このようにネスレ・バリスタは，手軽に手に入るインスタントコーヒーを格段においしくした上に，コミュニケーション・ツールとしての顧客価値を生み出している。

どのようなコンテクスト（文脈）で使用されるのか，それが重要だ。人と人がコミュニケーションする。その役に立ちたいという想いを突きつめたのが，この商品ということだ。

このほかにも，マーケティングでは機能価値，意味価値，感情価値，体験価値などがある。いずれの価値であっても顧客にとって大切な価値をもたらす製品やサービス，ビジネスが重要になる。

3　絆づくり活動

顧客にとって大切な価値をもたらす製品やサービスを開発して，顧客に提供することに成功した次の段階は，それらを提供し続けることである。つまり，売れ続けることなのだが，成功していくにつれ，競合する製品やサービスが次々と現れて，競合との競争が無視できない状態になってしまう。その結果，ビジネスの主眼が「顧客」から「競争相手」へとシフトしてしまう。

しかし，売れ続けているということは，買い続けている顧客もいるということだ。そこで，その顧客との関係に着目してみよう。

マーケティングが顧客を中心に考える活動だとすると，顧客関係に注目することは当然のことであろう。この顧客との関係をつくっていくことを，ここでは〈絆づくり活動〉と言う。〈絆づくり活動〉とは，何だろうか。リピート購

買とは何が違うのか。スターバックスを例に，考えてみよう。

　スターバックスの飲み物や雰囲気に感動してリピートし始めた頃は，スターバックスにしか行かない。満足度が高いからだ。そのうち，他のカフェにも行くようになるが，その際の店舗選択基準は，スターバックスになる。人によっては，ファミリーレストランやファストフード・ショップといった他業態の店舗選択の際も，スターバックスを基準にする。このようにスターバックスの満足度基準が，店舗選択の当たり前基準となっていく。新しい製品やサービスの提供によって，顧客を満足させることは可能だ。しかし，顧客の心理として，それを使い続けることによって，その高い満足がほかの製品やサービスとの比較・選択の基準となり，当初の高い満足水準はいつの間にか当たり前の水準になってしまう。当たり前水準になってしまうと，顧客は満足してるから買い続けているのではなく，今までの習慣で単にリピートしているだけということになる。これがリピート購買である。

　一方〈絆づくり活動〉の場合は，一度高い満足を提供できたからといって，それで終わりではない。〈絆づくり活動〉では，高い満足度を提供する製品やサービスは，「永遠のベータ版」である。ベータ版とは，簡単に言うと試作品である。商品企画では，試作品を作ると，想定ユーザーに使ってもらって，フィードバックをもらい，改良する。さらに改良したものをユーザーに試用してもらい，フィードバックをもらい，再改良し，……，この繰り返しによって，完成品へと向かっていく。

　〈絆づくり活動〉では，成功している製品・サービスを完成版（完成品）ではなく，改良を重ねていくベータ版（試作品）だと捉えて，創意工夫を重ねていくのだ。この考え方には，常に顧客から学ぶという顧客学習の姿勢がある。

　例えば，花王はお客様のお宅に伺うことによって，日々の掃除や洗濯を観察し，そこからヒントを得て，社内の経営資源と結び合わせて，様々な画期的な新製品を発売しては，改良を加えてきている。

　常に顧客から学ぶことで，いい意味での顧客の期待を裏切る高い顧客満足の提供が可能になる。このように〈絆づくり活動〉は，終わりのない常に顧客が中心にいるマーケティング活動である。

4　体験も大切な価値

　次に歴史的にも最もユニークな〈体験価値〉の事例として，ハーレーダビッドソン・ジャパン（以下，HDJと表記）の事例を紹介する。HDJは，ハーレーダビッドソンというアメリカの大型オートバイ・メーカーの日本支社である。1991年にHDJの社長に赴任したのが奥井俊史である。当時，日本の大型オートバイ市場には，ホンダやヤマハ，カワサキという大手企業が存在しており，その市場自体も縮小傾向にあった。そのため，奥井は弱小HDJをどのように経営していこうかと頭を悩ませていた。それが，2008年時点で，以下のような業績をあげるに至った（奥井，2008，p.4）。

- 過去四半世紀，長期低落を続けている日本のオートバイ・マーケットで，業界で唯一22年間一貫成長。
- 2000年以来，ナナハン（751cc以上）のバイク市場で，市場シェアでナンバー・ワンの位置にある。
  2006年度現在のシェアは，33％弱に達している。
  すなわち，ナナハンバイクのおよそ3台に1台がハーレーである。
- 2003年以来，免許制度の大型バイクである401cc以上の市場で，シェアはナンバー・ワンである。2006年現在のシェアは26％弱であり，大型バイク市場の4台に1台以上がハーレーである。
- 大型輸入バイク市場は，メーカー数が極めて多いが，市場シェアは，常に65％レベルをキープしており，ダントツの1位で3台に2台がハーレーである。
- 日本でも輸入登録されるアメリカ製自動車としても，2001年以来GM，フォード，クライスラーを押さえて，ナンバー・ワンを維持している。

　奥井率いるHDJがこのように大成長したのはなぜか。それは，大型バイクというモノが顧客に支持されたというよりも，HDJが提供する〈体験価値〉が支持されたからである。それは，「ハーレーの10の楽しみ」としてまとめられた，ハーレーをコアとする楽しさという価値である。それらは，以下のとおりである。

① 「知る」楽しみ（商品や歴史など）

② 「乗る」楽しみ

③ 「創る」楽しみ（カスタマイゼーション）

④ 「選ぶ」楽しみ

⑤ 「競う」楽しみ（レースやカスタムでの競い合い）

⑥ 「出会う」楽しみ（ハーレーを通して人と出会う）

⑦ 「装う」楽しみ（ハーレー ライフ スタイリング ファッション）

⑧ 「愛でる」楽しみ

⑨ 「海外交流の」楽しみ（世界的なオーナーズ・グループ）

⑩ 「満足」（トータルハーレーライフを満喫）

（奥井, 2008, p.41）

ハーレーの10の楽しみを提供することは, ハーレーのあるライフスタイルを十分に楽しむ機会を, ハーレーのオーナー（所有者）に提供することである。他ブランドのオートバイ所有者は, 自分ひとりでオートバイ・ライフを楽しむしかないが, ハーレー・オーナーは大勢の仲間とともに楽しむことができる。ツーリング・イベントは正規販売代理店（ディーラー）が頻繁に開催するし, HDJ自体も富士スピードウェイを借り切って「富士ブルースカイヘブン」や, 神戸ハーバーランドでのクリスマスイベント, 長崎でのハーレーフェスティバルを開催する。この3大イベントは, 全国のハーレー・オーナーが集うイベントであるが, ハーレー・オーナー以外の人にもオープンである。そのため, いずれも祭りのような楽しさがある。

また, ディーラーのサポートのもと, 自分のハーレーをカスタマイズすることができる。カスタマイズを競うコンテストもある。HDJはハーレーの10の楽しみに基づいて, 何から何まで楽しさ満載の体験を提供している。

〈体験価値〉の提供という, 製品レベルを超えたマーケティング活動, 全社レベルのマーケティング活動によって, 奥井の率いるHDJは成功をおさめていった。

5 ビジョナリー・マーケティング

　今までにない，製品とサービスを融合させた新たなビジネスを考えるには，まず〈ビジョン〉が必要になる（**図表8-2**）。顧客を中心に据えた『ビジョン』，創りたくなるようなワクワクする状態，つまり「あるべき姿」を描くことが大事になる（**STEP 1**）。なぜなら，「我々はこのようなユニークな〈体験価値〉を顧客に提供するビジネスを展開する」ということを，まず明らかにする必要があるからだ。〈ビジョン〉を考える際には，顧客だけではなく変化する経営環境をどのように捉えるかということも重要だし，自社の経営資源をどのように活用するかということも大切になってくる。

　キットカットは受験生応援のお守りとして，〈体験価値〉を顧客に提供するようになった。そのヒントになったのは，九州地区で「きっと勝っと」という方言と「キットカット」の語呂合わせで受験シーズンに売れているということ，予備校で受験生の出陣式にキットカットを配っているところがある，といった事象である。ネスレは手はじめとして，ホテルと連携して宿泊する受験生にフロントでキットカットを渡して，応援活動をし始めた。このようにネス

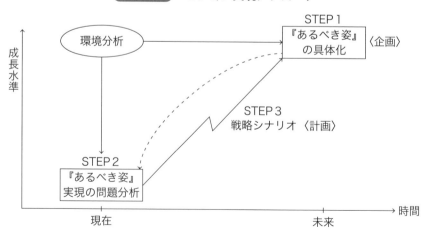

図表8-2　ビジョン実現アプローチ

[出所] 東（2019）p.189

レが独自のマーケティング活動を始めたのは,「応援されてホッとする瞬間」という顧客のあるべき姿を目指したからである。

　ネスレ・バリスタは家庭の中にとどまらず,今ではオフィスでも,部署を超えた社員間のコミュニケーション促進を目的として,ユニークなビジネスモデルになっている。ビジネスには部署を超えた社員間の交流が重要なのだが,一般的に部署が違えば,社員同士のコミュニケーションは取りづらい。そこで,ネスレ・バリスタは新たな事業展開にあたり,このようななかなか解決できずに仕方ないと思われていた課題を解決した状態(あるべき姿)の実現を目指した。

　HDJの場合も,ハーレーダビッドソンのあるライフスタイルを楽しんでいる顧客の状態(あるべき姿)をはっきりと意識して,ビジネスを構築していった。奥井はHDJの経営環境が厳しいもとで,岡山で開かれたハーレーダビッドソン・オーナーのツーリング・イベントに参加した。そこで目にした,ハーレーを楽しむオーナーたちの交わりに,これしかないと悟り,オーナーたちのために「ハーレーの10の楽しみ」の実現に邁進した。

　〈ビジョン〉を設定するということは,現状とのギャップという「新たな課題の創造」になる(STEP 2)。ここで気をつけてもらいたいのは,新たに創造された課題は,単に現状を分析して発見する課題とは全く異なるということだ。例えば,来年度の売上を今年度よりも3%上げるには,現在のマーケティング活動のどこを強化したらいいのか,営業が課題なのか,広告宣伝が課題なのか,というような具合だ。〈ビジョン〉のないビジネスは,現状の「改善」でしかない。

　それに対して,〈ビジョン〉に基づいた新たに創造された課題の解決は,「革新的なビジネス」になり,ユニークな〈体験価値〉をもたらす。なぜなら,〈ビジョン〉は今までにないような未来を創っていくという意味で,独創性の高いものである。そして,独創性の高い〈ビジョン〉を実現するために考案される戦略(STEP 3)も,他社とは異なる独自性の高い戦略となるからだ。〈ビジョン〉に一歩一歩近づいていることをどう判断するのか。それは,〈絆づくり活動〉を通して得られる顧客からのフィードバックをもとに判断し,修正・前進していく。ビジョナリー・マーケティングは,まさに「永遠のベータ

版」志向でもある。

6 おわりに

　マーケティングの中心は顧客である。そして，マーケティング活動を行うのは社員である。企業にとって，社員は経営資源（ヒト，モノ，カネ，情報）の一部でもある。企業が顧客のために経営資源をどのように活用していくのか。「顧客のための活動」がマーケティングだとすると，そのために企業は経営資源を活用するのだから，経営はマーケティングそのものだと言える。では，どういう方向にそれらの経営資源を活用していくのか。その方向性を示すものとして〈ビジョン〉がある。したがって，経営資源の一部である社員全員が〈ビジョン〉を理解して働くことが重要になる。

　このように考えると，マーケティングのフレームワークは教科書とは違ったものになってくる。世界で最も有名な経営戦略のフレームワークをつくったマイケル・ポーターは，既存の「フレームワークに頼るな」（野々村，2018，p.218）と言っている。つまり，他人がつくったフレームワークで容易な意思決定をすることは避けるべきで，大事なのは自分の視点でフレームワークをつくることだと言っている。コロナ禍で消費者の価値観も変化してきている。皆も大学4年間を通して，一緒にヒトを中心にした新たなマーケティングのフレームワークを考えてみよう。

練習問題

1　あなたが最も気に入っている製品もしくはサービスは，あなたにどのような価値をもたらしているか。説明してください。
2　こういうものがあったらいいなとあなたが思う製品もしくはサービスは何か。その理由も説明してください。

参考文献

石井淳蔵・廣田章光・清水信年編著（2019）『1からのマーケティング〈第4版〉』碩学舎
奥井俊史（2008）『巨象に勝ったハーレーダビッドソン　ジャパンの信念』丸善

野々村健一（2018）『0→1の発想を生み出す「問いかけ」の力』KADOKAWA

東利一（2019）『顧客価値を創造するコト・マーケティング―ビジョンで紡ぐ共創関係』中央経済社

「デザインの価値測定2013～消費者の評価とデザイナーの評価～」『日経デザイン』March 2013, pp.38-39

Drucker, P. F.（1954）*The Practice of Management*, Harper & Brothers Publishers.（野田一夫監修，現代経営研究会訳（1987）『現代の経営（新装版）（上）』ダイヤモンド社）

Levitt, T.（1960）Marketing Myopia, *Harvard Business Review*, July-August, Harvard Business School Publishing Corporation.（「マーケティング近視眼」『DIAMONDハーバード・ビジネス・レビュー』2001年11月号，pp.52-69）

ヒトを中心にしたマーケティング

ビジネスと消費者行動論

> **ミニケース** Aはあるアイドル・グループの熱心なファンだ。ファン・コミュニティはAのアイデンティティの重要な部分を占めている。そして，このコミュニティの一員であることが，Aの購買意思決定の多くに影響を及ぼしている。Aはこれまで，「推し」のグッズやCDに何万円もつぎ込んできた。同じアイドルを応援する仲間とは，消費を通じて結びついている感覚があるし，「推し」の魅力について語り合うなら，それに何時間でも費やせる気もする。しかし，ファンなら誰とでも仲良くできるわけではない。Aにこうした影響を与えることができるのは，Aが心から親近感を覚えている仲間だけだ。
>
> あなたが所属するグループでよく使われている製品・サービスをいくつか挙げて，分析・検討してみよう。それらの製品・サービスは，グループのつながりを強めるのに役立っているだろうか。そして，他者はあなた／私たちの購買意思決定にどのように影響を与えるのだろうか。

この章で学ぶこと

● あなたが消費者行動論を学ぶ理由について考える。

● 消費者行動とは何であるのかを理解する。

● 購買がもつプロセスとしての側面について学ぶ。

🔑 KEYWORD

マーケティング　消費者行動　消費

1　はじめに：私たちはもれなく消費者である

　消費者行動論は皆さんについての学問である。どのような人も，例外なく消費者である。皆さんも私も，誰もが消費者だ。そうだとしても，それは一体ど

ういう意味か。それは，消費者行動という言葉の意味を定義しないとわからない。だからそれについては後で，できるだけ早く意味を定義することにしよう。

　人間には社会的動物としての側面もある。ほとんどどのような人も，社会の中で生きている。他人から全く影響を受けずに生きたり，他人へ影響を一切与えずに生きたりしている人は，例えばロビンソン・クルーソーのような人を除いてほとんどいない。ほとんどの人は，社会との関係を断つことはできない。社会的動物としての人間の姿が見えてくるのは，「消費者行動論」の授業では後半に差し掛かってからになるだろう。

　消費者行動論は，マーケティングの一分野である（**図表9−1**）。マーケティングの世界は非常に深くて広い。この世界には3本の柱が立っている。1つ目は，「マーケティング基礎」で学ぶマーケティング概論・戦略，2つ目は「流通論」，そして3つ目の柱がこの消費者行動論だ。大学の商学部・経営学部には，これら3つを必修科目としているところが少なくない。マーケティングには他にもいろいろな分野があるけれども，この基本の3本の柱をしっかり押さえておくことが必要だ。そうでなければ，応用的に知識や理解を広げていくことができないからだ。基礎的な木の幹の部分がしっかりできていないと，枝葉の部分を学んでも十分な実りを享受できない。

　消費者行動論に関心を持っている皆さんの動機はどこにあるのだろう。簡単に思いつくものを挙げてみよう。次のページの箇条書きを見ながら読んでほしい。まず，マーケティングのエッセンスの部分をひと通り学びたい人。消費者

図表9−1　マーケティングと消費者行動

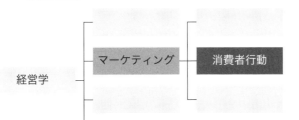

［出所］筆者作成

行動論がマーケティングの中核をなす一領域であることはすでに紹介した通り
である。

　その次に，就職してマーケターとして活躍したい人，あるいはマーケターで
はなくともビジネスについてひと通りのことを知っている，バランス感覚に優
れたビジネス・パーソンになりたい人。それに，社会的動物としての消費者を
知りたいという人。

　さらに，賢く意思決定できる消費者になりたい人。人間の意思決定には，
様々なバイアスがかかることが知られている。「消費者行動論」の授業では，
人間の性向のうち基本的なものをひと通り紹介するので，自分が消費者として
購買の意思決定をするときに，その仕方がどうなっているかをある程度客観的
に理解できるようになる。

　データを分析できるようになりたい人もいるだろう。消費者行動論は膨大な
研究を積み重ねてきた。そこには，定量的なデータはもちろんのこと，定性的
なデータを丹念に調べ上げた優れた研究も数多く存在している。現在最高の教
科書のひとつであるソロモンの『消費者行動論』では，様々なデータ分析の道
具として極めて有用な，優れた理論が多数紹介されている。

　もちろん，ゼミでの研究テーマが決まっていない人とか，経営・経済分野の
なかで，自分がとりわけ何に興味をもっているのかがわからない人も歓迎だ。
消費者行動論の世界は非常に広い。面白いと思えるものが，ひとつといわず，
いくつでも見つけられることを願っている。

想定される動機

- マーケティングの中核部分を学びたい人
- 優れたマーケター／ビジネス・パーソンになりたい人
- 社会的動物としての消費者／人間を知りたい人
- 賢く意思決定できる消費者になりたい人
- データを分析できるようになりたい人
- 知的関心の対象をみつけたい人

　ここからは，あなたがなぜ消費者行動論を学ぼうとしているのかを，自問自

答しながら読んでほしい。あなたはなぜ消費者行動論を学ぶのだろうか。

　この理由付けを考えるための準備として，マーケティングそのものの目的を確認しておこう。マーケティングにはいろいろな定義があるけれども，話をあまり難しくしないように，簡単に整理しよう。マーケティングの目的は，顧客満足と利益の両方を獲得することだ。この2つの維持や向上でも構わない。いずれにせよ，お客さんに満足してもらって，また買いたいと思ってもらうこと。さらに，お金を払ってもらって利益を出し続けることで，企業として存続・発展すること。どちらか一方のみではダメである。顧客満足と利益の両方を追求する。

　それでは，そのためには何が必要か。B2CとかB2Bという表現はすでに習っただろう。B2C，つまりお客さんが一般の消費者である場合，顧客の心や行動がわからなければ顧客満足と利益を得られないのは当然だろう。B2Bも同じだ。買い手に買ってもらうには，売り手は最終製品が消費者にどのように使われ，どこに最終商品の使用者・消費者の満足の源泉があるかを知っていなければ，優れたマーケティングは覚束ない。そのとき，どこのライバル企業でもできる／わかるようなことではなく，自社にしかわからないような独自のインサイト・洞察が得られれば，マーケティングが成功する可能性は高まる。

　しかし，消費者の心と行動のうち，目に見える部分は本当にわずかだ。それ以外の多くの部分は，サプライヤーどころか顧客自身にも見えていない部分だ。それを洞察する力を養う必要がある。

　そのための最も有効な手段は，優れた文献で学ぶことだ。世界的に評価されている消費者行動研究者であるマイケル・ソロモンの*Consumer Behavior*という本はその典型である。世界中のビジネス・パーソンとコミュニケーションができるレベルを目指すならば，しっかり読むことを薦める。

　授業では，まず消費者行動論の分野全体を俯瞰し，しかる後に個人の内面について理解を深め，さらにその後は取引相手のいる意思決定の問題に取り組む。最後に，個人や集団に影響を与える外的要因について学ぶ。

2　消費者行動とは何か

　消費者行動とは何か。ソロモンのテキストには，次のように定義されている。個人や集団が，自らの欲求や欲望を満足させるべく，製品・サービスを購買し，使用し，廃棄するプロセス（**図表9-2**）。また，こうしたプロセスの研究のことを消費者行動論と呼ぶ。これ以降は適宜，消費者行動と読んだり書いたりせずに，Consumer BehaviorのCとBを取ってCBと略記する。当たり前だけれども，この略記の仕方は授業の外では通用しない。

　さて，CBとは，購買・使用・廃棄のプロセスだといった。もっと具体的に考えてみよう。例えば「お茶」はどうだろう。コンビニなどでお茶を買う。これが購買である。それから，使用だ。お茶はどう使うか。飲むばかりではなく，ほかにもある。暑い日は，冷えたペットボトルの飲みものを買って，額にあてたりする。暑いから，身体を冷やすのに使う。類似の用途としては，寒い冬に缶コーヒーを買って手を温める。

　このように考えると，つまり私たちがいろいろな製品・サービスをどのように使っているかを考えると，単純に飲んでいるだけではない。こういう風に，当たり前の日々の行動を深く考えてみるというのは，CBの醍醐味のひとつである。

　廃棄の例は，水の「いろはす」が典型だろう。飲み終わったら，くしゃっとつぶせる。これも1つの工夫である。ゴミがかさばらない。環境に良いという価値を提供している。

図表9-2　消費者行動

［出所］筆者作成

CBは，この3つのステップをそれぞれよく見て考えて，なんらか顧客にとっての満足を実現しようと考える。このプロセスを研究するのが，CBである。

3　消費者行動論の理論・概念

　授業に臨むときは，なぜCBを学ぶのかを常に頭においておくとよいだろう。「消費者行動論」の授業では，CBの様々な理論や概念を取り扱う。

　概念とは何だろうか。タルコット・パーソンズという有名な社会学者によれば，概念はサーチライトである。概念とは，サーチライトのように何かを照らす働きをする，一種の道具である。

　例えば，「量産型」や「Z世代」といった概念がある。「量産型」とはどんな人か，皆さんは具体的に思い浮かべることができるだろう。そのとき，「量産型ではない，「非量産型」とはどのようなものかについてもイメージすることができるだろう。「量産型」という概念があることで，「量産型」と「非量産型」の違いがわかる。「量産型」という言葉がまだなかったときと普及したときを比べてみると，世の中の見え方が少しは違っているはずである。あるいは，「Z世代」の特徴としてステレオタイプ的にイメージされるのは，例えばいわゆるタイム・パフォーマンスを重視するとか，自分の価値観に合致したものを選ぶ等々があるだろう。ステレオタイプとは，簡単にいうと，多くの人が抱くイメージの一種で，すべて間違いというわけではないけれども，常に正しいわけでもないものをいう。

　話を戻して，「Z世代」という概念で何かをイメージすることができれば，そうでない世代がもつ別の特徴をイメージすることもできるだろう。私たちは概念を使って，何かと他の何かを区分している。分けて捉えているのである。

　別の例を挙げてみよう。ヒトとイルカとマグロの3つの生き物は，どのように線引きできるだろうか。1つは，哺乳類と魚類とで分けられるだろう。もちろん，ヒトとイルカが哺乳類で，マグロは魚類だ。もう1つは，海で生活するものと陸で生活するものとに分けられるだろう。このようにサーチライトとしての概念が複数あると，同じ現象が別の角度から見るとどのように違って見えるかがわかる。ものごとを単眼的にではなく複眼的に見ることができるように

なる。

CBで使われる概念についても，これと同じことがいえる。授業では，お客さんや，将来お客さんになってもらいたい人の心の機微を捉えたり，具体的な行動を理解したりするのに役立つ概念を多数紹介することになる。なお，このように将来お客さんになってもらいたい人のことを潜在顧客という。

サーチライトであるところの概念を知ることで，お客さんについて優れた洞察ができるようになる。そうすると，お客さんが満足してお金を払ってくれる優れたマーケティングを実現できる。

皆さんがCBを学ぶ動機がここまでに紹介したなかにあってもなくても構わない。自分の頭で自分の動機を探して，見つけてほしい。

4　消費者行動の主人公：消費者

これまでの授業で学んだすでに知っている言葉と，若干の新しい言葉の両方を使って，消費者行動と他のマーケティングが関わる部分を大まかに見てみよう。

自社の顧客を明らかにすることを考えよう。人々を分類する方法は大きく分けると2つある。年齢や性別，収入，職業など明確な特徴で分類するデモグラフィクスという軸と，洋服や音楽の好み，休日の過ごし方といった情報によるサイコグラフィクスという分類の軸だ。サイコグラフィクスは，その人のライフスタイルとか個性といった側面に注目している。

皆さんのような大学生を1人思い浮かべてみよう。年齢・性別・収入，さらに洋服や音楽の好みは何だろうか。好きな映画は何だろうか。好きな芸能人は誰だろうか。よく使うSNSはどれだろうか。こうした消費者の特徴を，他社ができないような独自のやり方で明らかにできると，マーケティング戦略にとって極めて大きな効果が期待できるだろう。ある製品の市場を明確にしたり，特定のセグメントをターゲットにする際に，どのようなマーケティング上の手を打てばよいかを考えるときに，非常に役に立つ。

もう少し話を進めてみよう。この学生のサークルの友達は，彼女が何を買う／買わないのかについて大きな影響を与えている。もう少しきちんと表現する

と，彼女の購買意思決定に強い影響力を持っている。例えば，ちょっとした雑談の中で様々な製品の情報を伝え合ったり，Ａという商品を使うよう勧めたり，Ｂという商品を買わないようにアドバイスしたりすることはあり得るだろう。SNSがかつてないほど普及している今日でも，CMや雑誌，広告で目にする情報と比べて，友達の一言のほうがより深く胸に刺さるということはよくある。

この学生があるコミュニティの一員となり得るのは，彼女がほかのメンバーと同じ製品を使っているからかもしれない。集団の一員として認められるためには同じものを持っていなければならない，という心理的なプレッシャーがかかることはよくある。あるいは，最近発売したＣという化粧品があったとして，それのどこが良くてどこが悪いのか，何が流行りそうなのか，ほかの人たちの意見や考えに従わないと，集団内で気まずい思いをしたり，ときには拒絶されてしまうこともあるかもしれない。こういう状況のことを，文化的価値観が共有されていると表現することがある。

日本やアメリカや中国といったように，より大きな社会のメンバーとしても，人々は特定の文化的価値観を共有することがある。ある１つの文化の中にはいくつものサブカルチャーが含まれていて，そういう小規模の集団内でも何らかの価値観を共有することがある。例えば，Ｋ大学の学生であるとか，大阪出身者であるとか，坂道のオタクであるとか，様々に挙げることができる。

市場細分化（セグメンテーション）という言葉を知っている読者は多いだろう。世界のあらゆる人々ではなくて，特定の消費セグメントをターゲットにしたブランドを打ち出すことを，市場細分化戦略という。ターゲット・セグメントに属さない消費者については，そのブランド・製品に興味を示してもらわなくても構わないと考えるわけだ。

ブランドは人間と同じようにパーソナリティを持つ。この話は，後ほど詳しく扱うことになる。あるブランドの製品やウェブサイトのイメージが何となく好きだとか，自分の価値観にピッタリ合うとか，そういう理由で商品を選ぶということはよくある。製品が特定のニーズを満足させてくれれば，ブランド・ロイヤリティを維持・向上させられるかもしれない。競合ブランドが入り込む隙を小さくするわけだ。

消費者が製品を評価するとき，より具体的にどのような情報処理をしている

101

のかについてもCBで学ぶことになる。見た目や味，音，質感，においなど五
感で得られる情報は，製品の評価に当然影響を与える。この種の問題は，直感
的にわかるようでいて実はかなり難しい。ある消費者がDという製品を好きで，
Eという製品を嫌いだとしよう。この消費者に，なぜそのような好き嫌いの判
断に至ったかを尋ねてみても，正確に答えることはできないかもしれない。こ
のようなときは，製品や広告，ウェブサイトがもつ意味の分析が役立つことが
ある。ただし，それには社会科学の叡智が必要になってくる。これも詳細は
CBの授業で扱う。

5　購買のプロセス

　皆さんはもれなく消費者だ。赤ちゃんは自分でオムツや離乳食を買ったりは
しないけれども，それらを使用するが故に消費者だし，ロケットで宇宙へ行く
のに莫大なお金を使う人も消費者だ。消費者という言葉が意味する範囲は，こ
のように非常に広い。消費の対象も様々だ。今日の夕食で食べるものや着るも
の，歯ブラシや消しゴム，音楽，アイドル，美術館での時間など実に様々だ。
ヴィンテージのデニム・パンツに数百万円かける人もいれば，腕時計に数億円
支払う人もいる。そういう熱心なブランド・ファンは多い。さて，ここまで
CBが幅広い領域をカバーすることを見てきた。ここからは，CBのなかでも購
買のプロセスに目を向けてみよう。
　買う人と売る人がいる（**図表９－３**）。買う人がお金を払い，売る人が品物
を提供する。これが交換だ。品物は形があってもなくても構わない。普通，形
のある有形物を製品といい，形のない無形物をサービスという。製品・サービ
スと両方書く場合もあれば，サービスのほうを省略して書く場合もあるようだ。
　この交換という営みは，もちろんマーケティングにとって不可欠の要素であ
る。製品・サービスという市場提供物がお金に変わる，マネタイズする部分が
重要である理由は直観的にわかるだろう。マーケティングの目的は，お客さん
を満足させるのみならず，お客さんからお金をもらって利益を出すことだから
だ。しかし最近は，さらに視野を広げて，消費のプロセス全体に目配りをする
必要があるという認識が広がって久しい。

102

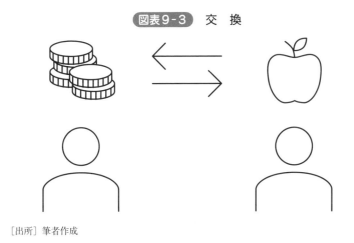

図表9-3 交　換

［出所］筆者作成

　図表9－4を見てみよう。消費者が製品・サービスを買うプロセスを3つに分けている。購入の前・購入時・購入の後だ。そして，それぞれのプロセスすべてにマーケターは何らか影響を与える。これらが彼らの課題だ。より具体的にどんな課題があるか見てみよう。

　ここではわかりやすさを優先して，例外は無視して単純に捉えてみよう。左側が消費者の視点だ。消費者は，自分がもっているニーズや欲求を明らかにして，それを満たすようなものを購入し，その後で処分する。この各段階には，複数の人がかかわっていることがよくある。例えば，製品にお金を払う人と，その製品を使う人が同じでないことがある。袋に入ったキットカットを買ってくるのはお母さんだが，食べるのは子供たちであるとか，子供が着る服を親が買ってくるとか。購入者と利用者のほかにも役割はある。例えばインフルエンサー。本人は実際に使ったり買ったりしないけれども，特定の製品を薦めたり，けなしたりするということはよくある。

　それから，消費者が組織や集団のかたちを取ることもある。購買の担当者が事務用品を大量に注文するとか，社員が使うPCをまとめて買うといったとき，決定を下しているのは幾人かの担当者だということが多い。このとき，購入プロセスのどこかの段階で，実際に使っているエンジニアやデザイナーや販売担当者など，様々な同僚たちが意見をいうこともあるだろう。集団の意思決定と

第9章 ビジネスと消費者行動論

103

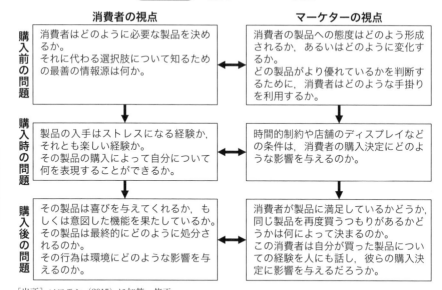

図表9-4 購買プロセスの段階

消費者の視点	マーケターの視点
購入前の問題 消費者はどのように必要な製品を決めるか。 それに代わる選択肢について知るための最善の情報源は何か。	消費者の製品への態度はどのよう形成されるか，あるいはどのように変化するか。 どの製品がより優れているかを判断するために，消費者はどのような手掛りを利用するか。
購入時の問題 製品の入手はストレスになる経験か，それとも楽しい経験か。 その製品の購入によって自分について何を表現することができるか。	時間的制約や店舗のディスプレイなどの条件は，消費者の購入決定にどのような影響を与えるのか。
購入後の問題 その製品は喜びを与えてくれるか，もしくは意図した機能を果たしているか。 その製品は最終的にどのように処分されるのか。 その行為は環境にどのような影響を与えるのか。	消費者が製品に満足しているかどうか，同じ製品を再度買うつもりがあるかどうかは何によって決まるのか。 この消費者は自分が買った製品についての経験を人にも話し，彼らの購入決定に影響を与えるだろうか。

［出所］ソロモン（2015）に加筆・修正

いうものが，個人の意思決定とは異なる特徴をもっていることがイメージできただろうか。これも詳しくは授業で扱う。

6 おわりに

　CBは間口が広く，それでいて奥が深い。それは誰もが経験するような，自分の生活の身近な現象と深く結びついているからだろう。私たちは例外なく消費者である。しかしそれだけではない。よりシリアスな場面でも，CBは極めて重要な領域として知られている。なぜ重要なのか。それは，消費者のニーズを満足させようとするとき，消費者が何を欲しているのか，彼らのニーズや欲求を理解しない限り，そのニーズを満たすことができないからだ。CBを理解しなければ，ビジネスの成功は覚束ない。もう少しだけ精確にいうと，ビジネスでの成功の可能性を高めることがうまくできない。

　この章では，CBの入門的な事柄について取り扱った。より具体的には，CB

Part2

マーケティング

とは何であるのかを確認し，またCBが何をもたらすのか，さらにCBがなぜ必要とされるのかを学習した。その後に，購買のプロセスとしての側面について理解を深めた。

 練習問題

1　あなたが消費者行動論を学ぶ理由や動機づけはどこにあるのだろう。消費者を理解することがビジネスやマーケティングにとってなぜ必要なのかについても考えてみてください。
2　「概念はサーチライトである」とはどういうことか，説明してみてください。
3　本章でいう購買のプロセスを説明してみよう。最近あなたや周囲の人がおこなった買い物について，その人が各段階で何をどのように考えたのか説明してください。

📖 参考文献

マイケル・ソロモン著，松井剛監訳（2015）『ソロモン消費者行動論』丸善出版

第 10 章

ビジネスと人工知能・データサイエンス

> **ミニケース**　Aさんは，アルバイト先の店舗のウェブ広告やソーシャルネットワーキングサービス（Social Networking Service；SNS）の更新などを行っている。実際にこれらの広告が売上に影響したのか，またSNSでどのような内容（写真や言語表現など）を発信したほうが拡散されるかなど，気になることが多い。そこで売上など様々なデータを集めて，それを活用して影響を検証したり，今後の売上の予測を行ったり，さらには広告表現の作成も自動化できないだろうか，と考えている。そのために，人工知能（Artificial Intelligence；AI）やデータサイエンスの技術をどのように活用すればよいだろうか。

この章で学ぶこと

● 人工知能やデータサイエンスの社会進出について理解する。
● 人工知能やデータサイエンスの概要や近年の動向について理解する。

🔑 KEYWORD

人工知能　機械学習　ディープラーニング　データサイエンス　統計学

1　ビジネスとAI・データサイエンス

　ビジネスにおいて数多くの場面で，AIやデータサイエンスが利用されている。身近な事例では，ファッションや書籍などのECサイトにおける推薦システム，同様にYouTubeやTikTokなどSNSにおける推薦システム，動画加工

などにおける画像認識，さらに広く捉えるとコンビニエンスストアなどの様々なサービスにおける情報テクノロジーやロボットを用いた自動化もある。また多くのサービスは，データ（画像，言語データなども含む）を用いて分析されている。例えば，消費者に直接ウェブサイトなどを通じてサービスを行っている企業は，サイトのデザインや広告の自動評価（A/Bテストなど）をしている。また，企業のサイトやSNSのアカウントのアクセスデータなどを分析することで顧客の動向を把握し，マーケティングなどを行っている。

　近年これだけ発展した背景には，インターネット，スマートフォンなど社会的なインフラが整備され，様々なものが情報処理できるようになってきたこと，分析方法やハードウエアなどの技術的な進歩があったことなどがある。

　こうした流れを受けて，AIやデータサイエンスに関する人材の需要も高まっている。内閣府によるAI戦略では，「数理・データサイエンス・AI」などについて現代の読み書きそろばんと位置づけ，2025年までの人材育成の目標が掲げられており，リテラシーレベルでは小学校・中学校・高校の全員（100万人／年），大学・高専卒業者の全員（50万人／年），応用基礎レベルでは高校の一部や高専・大学の50％（25万人／年），エキスパートレベルでは年に2,000人程度を育成するとしている（内閣府，2019）。

　学校のカリキュラムの改正も進んでおり，情報の分野では新学習指導要領に沿って2020年度より小学校からのプログラミング教育（プログラミング思考）が必修化，2021年度より中学校でも「技術・家庭」においてプログラミングなどの拡充，2022年度より高等学校でも「情報Ⅰ」としてプログラミングなどが必須化することになっている。また，データサイエンスの分野でも小学校から算数に「データの活用」が追加されているほか，中学数学でも「資料の活用」が「データの活用」と領域名称が変更，さらに高校数学では数学Ⅰ「データの分析」と数学B「統計的な推測」が導入されている。

　このようにAIが社会に進出し，必要なスキルが変化していくなかでわれわれの社会はどうなるのだろうか。フレイとオズボーンらの研究では，702の職種について米国の労働省のデータを用いて，コンピュータ化でどこまで影響を受けるかを分析している（Frey, C. B., and Osborne, M. A., 2017）。その結果，今後10～20年という早いタイミングで約47％の職種が自動化されるリスクが高

いとした。90％以上の確率で消えることになる職種として具体的に挙げられたのは，「電話を用いた販売員」「データ入力の作業員」「保険の審査担当」などがある。ただし，彼らの研究は，主観的なデータを利用しているなど影響を過大に見積っているという批判もある。

　AIなどが今後どのように仕事に影響するのかについて，より具体的にみていきたい。これについてはおおよそ３つの方向があると考えられる。まずは，AIが人の仕事を「代替」してしまうというものである。つまり，仕事やタスクが置き換えられるということである。これにはルーティン作業が多い仕事のほか，具体的には証明書の発行などのようなタスクが該当する。次にAIと人とがお互いに「補完」し合うというものである。例えば，2020年ごろに行われたAIと人間で手塚治虫の新しい漫画をつくるという「TEZUKA2020」というプロジェクトがある。そこでは，キャラクターのアイディア・大まかなストーリー（プロット）についてはAIが担当し，詳細なストーリーや絵は人間が担当することで新しい漫画を生み出した。このような協業が今後起きていくと考えられる。最後に，AIやデータ分析の開発者などの「新職種」，もしくは上記で述べたようにAIが不得意で人間が得意なタスクが増加するという方向性があると考えられる。

　このように考えると，専門知識が重要だと考えるかもしれないが，非専門家であってもある程度理解して技術をうまく活用したり，専門知識をもった人とコミュニケーションをとることで協業していくことも可能である。これに関連し，「AIの民主化」と呼ばれる，誰でも簡単にAIなどのツールを使えるようにする流れも出てきている。

　そこで，２節以降では，ビジネスへの応用にむけて，AIやデータサイエンスに関する基礎的な知識について紹介したい。

2　人工知能（AI）とは何か

　そもそもAIとは何だろうか。さらに中学や高校で習ってきた統計学とどのような関係があるのであろうか。

　AIというと，人によってはチャットボットのような会話ロボットを思い浮

かべるかもしれない。しかし，AIという分野の扱う領域は，人のあらゆる処理や活動を分析したり，自動化したり，単に模倣することを超えてより高度な知的処理を行う分野であるため非常に幅広い。**図表10−1**は一般社団法人人工知能学会でまとめられたAIで扱っている領域について，ある知的エージェント（知的な処理を行うソフトウエアのモデル）とその対象をもとにまとめたものである。人の行う処理と同様に，知覚（画像認識，音声認識，触覚・味覚・嗅覚認識など）や言語の処理（単語の処理などから問答，翻訳，要約まで），そこから学習を行ったり，推論を行ったり，ある目的に向かってプランを立てて，実行したりなどそれぞれのプロセスに関連する分野がある。それ以外にもエージェントと人との関わりも研究の対象となっており，近年ではより幅広く社会にどのような影響を及ぼすのかといった観点から倫理や信頼性といった問題も扱っている。

　図表10−1のAIのなかで，近年注目されているのが，「機械学習」という分野である。そのなかでも特に「ディープラーニング」という機械学習が注目されている。機械学習というのはデータをもとに学習を行い，何らかのパターンを見つけたり予測を行ったりするものであるが，高校までに勉強してきたデータを扱う「統計学」とも関係が深い。統計学のなかでも多変量解析とよばれている，様々な種類のデータを同時に扱う分析方法と関係がある。これらの関係性を簡単に図でまとめると**図表10−2**のようになる。

　次節以降ではデータサイエンスの基本で機械学習とも関連のある，統計学について簡単に復習したあとに，機械学習，そしてディープラーニングについて紹介し，最後にAIにおける最近の話題についてふれる。

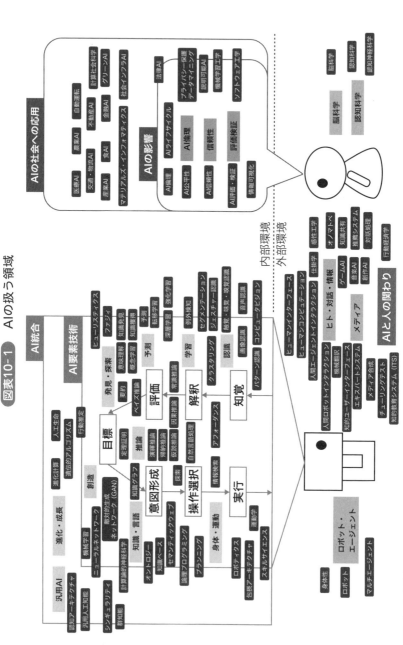

図表10-1 AIの扱う領域

[出所] 人工知能学会 https://www.ai-gakkai.or.jp/pdf/aimap/AIMap_JP_20190606b.pdf#page=4

Part2 マーケティング

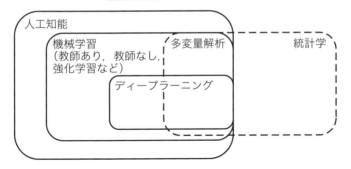

図表10-2　分野間の関連

人工知能

機械学習
（教師あり，教師なし，
強化学習など）

多変量解析

統計学

ディープラーニング

3　統計学についての復習

　この節では統計学について紹介する。統計学には大きく分けて重要なものが3つある。具体的には，小学校，中学校，高等学校と勉強してきた平均やヒストグラム，散布図など，与えられているデータの特徴を分析する『記述統計』がある。また，ある調べたい対象の全体（母集団）から一部だけ（ランダムに）抽出したデータを用いて元の全体の特徴を把握する『推測統計』がある。例えば，東京の大学生全員の平均身長を調べようと思ったとき，一部の大学生1,000人を調査するだけでもある程度の精度で平均を推定することができる。最後に，『回帰分析』と呼ばれる方法も重要である。具体的には**図表10-3**のように分析をしたいある店舗のY（売上）と，それに関連する別のX（気温）というデータが複数あったときに，これらの関係を表す最も近い直線の式をデータに基づいて求める。このことで，気温の売上への影響を把握し，気温から売上を予測することが可能となる。

　図表10-3の回帰分析では2つのデータの間の関係を分析したが，より多くのデータ間の関係を分析する方法として多変量解析というものがある。多変量解析には，さきほどの回帰分析を拡張して，「売上」に「気温」のみならず，「広告」の量など別のデータの関係も同時に調べる重回帰分析と呼ばれる手法がある。それ以外にも，ある製品などの「購入」「非購入」のように分析した

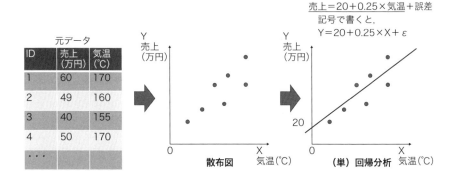

図表10-3 回帰分析のイメージ

元データ

ID	売上 (万円)	気温 (℃)
1	60	170
2	49	160
3	40	155
4	50	170
・・・		

散布図

（単）回帰分析

売上＝20＋0.25×気温＋誤差
記号で書くと，
Y＝20＋0.25×X＋ε

い対象が質的なデータである場合に，どのようなデータが関連しているかを調べる方法として，ロジスティック回帰という手法がある。

このような手法は次で述べるAIにおける機械学習と関係が深い。

4　機械学習とは

　機械学習とは，機械がデータなどの事例をもとに自動的にパターンやルールを発見し，それをもとに予測を行ったり，データをまとめたりする分野である。通常の統計学，特に重回帰分析やロジスティック回帰などの多変量解析と似た部分はあるが，主にメカニズムそのものを特定するよりも，予測精度が高くなることを目的とすることが多い。また，画像，言語，時系列データなど通常の表形式では扱いにくいデータも扱うことがある。機械学習には，大きく分けて3つの方法がある。教師あり学習，教師なし学習，強化学習である。

　『教師あり学習』というのは，例えば，過去の「気温」と「売上」の調査データをもとに「気温」を使って「売上」を予測するといったように，ある対象Y（教師）を別のデータXを使って予測する方法である。売上のみならず，ある人がある商品を「購入」「非購入」といった質的なデータの予測も含まれている。多変量解析で述べた方法と似た分野であるが予測に焦点があたっている。次の節で述べるニューラルネットワークや，決定木と呼ばれる手法などがある。

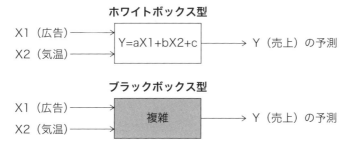

ホワイトボックス型

X1（広告）——→
X2（気温）——→ $Y=aX1+bX2+c$ ——→ Y（売上）の予測

ブラックボックス型

X1（広告）——→
X2（気温）——→ 複雑 ——→ Y（売上）の予測

『教師なし学習』というのは教師あり学習とは異なり，予測対象となる教師がなく，データをグループ化するなど，まとめたりする方法である。例えば，ある100店舗くらいのデータをもとに「顧客数」や「売上」などのパターンが近い店舗を3つのグループに分けるといったように，似たデータを少ないグループに分ける，クラスタリングという手法などがある。

『強化学習』というのは，ある状況である行動をしたら報酬が得られる，もしくは罰が与えられることを繰り返して，学習を行いながら自動的に報酬が高くなるように最適な行動をとるという問題を扱う方法で，例えばウェブ広告やウェブサイトの効果の推定や改善，サッカーロボット，一部の自動運転などに応用されている。

近年は，ニューラルネットワークを発展させたディープラーニングという手法が3つの分野のいずれにおいても開発され，多くの分野で利用されている。

なお，機械学習を考えるうえで，ホワイトボックス型とブラックボックス型という分類も重要である（**図表10-4**）。ホワイトボックス型というのは，X1やX2をどの程度動かせばYにどのように影響があるかなどが明確なものである。X1が影響しているなど説明もしやすい。一方で，ブラックボックス型というのは，X1やX2をどの程度動かせばYにどのように影響があるかなどが不明確で，X1やX2が相互に関連しあっていたり，Xに対してYが直線的ではない特殊な動きをすることもあるものである。複雑な関係を表現することが可能であるため，予測の性能が高くなることが多い。

5 ディープラーニングとは

4節で述べたニューラルネットワークと，それを拡張したディープラーニングについてここで取り上げたい。

ニューラルネットワークは，もともとは生物などの神経回路網を模して作成されたもので，歴史は古く，1943年に開発されて以降，長らく研究されてきている。入力値（X1，X2）に対して重み（W1，W2：すべての直線に重みが存在するがまとめて記載）をかけて，その合計値を活性化関数というものに入力して中間層の別の値（Z1，Z2，Z3）に変換し，最終的にYを出力することでより複雑な予測をすることが可能となっている（**図表10-5**：定数項（バイアス）は省略）。なお，この重み（W1，W2）は真のYの予測がうまくいくように予測のYと真のYの違いが小さくなるようにコンピュータなどを用いて計算して修正する。

ディープラーニングとは，上記のようなネットワークの階層やノードの数を増やしたり，より複雑なネットワークを構築したものである。ヒントンらが2006年に発表した技術が起源となっているが，今日のAIブームのきっかけともなった方法でもある（Hinton, G. E., and Salakhutdinov, R. R., 2006）。

このディープラーニングの技術は，画像データの処理，言語や時系列などの系列データの処理などの領域で非常に進捗がある。予測の性能も極めて向上し

図表10-5　ニューラルネットワークの概念図

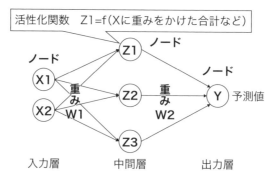

ているほか，複数のデータの組み合わせによる汎用化も進んでいる。ディープラーニングにも種類があり，主に画像データの処理を行うCNN（Convolutional Neural Network），時系列データや言語を含めた系列データの処理を行うRNN（Recurrent Neural Network）やその拡張となるLSTM（Long Short-Term Memory）などもある（なお，Transformerという別の技術も大規模な言語処理において注目されている）。また，新しいデータなどの生成を行うGAN（Generative Adversarial Networks）やDiffusion modelという方法もある。GANは事前に用意したデータと見分けがつかない「新しいデータ」の生成を行う機械と，それを判別する機械とでお互いに競わせることで最終的にもとのデータと似通ったデータを生成するものである（Goodfellow, I. et al., 2014）。これらの方法は，新しいデザインの生成など多くの応用がある。これ以外にも別の大規模かつ多様なデータで学習したものを，自分の課題のデータに適用する転移学習など学習方法も多くの技術が開発されている。このように，ディープラーニングの技術は近年，日々進化している。

6 人工知能（AI）における近年の課題：社会的な課題を中心に

　機械学習やディープラーニングなどのAI技術は，社会における多くの場面で利用されている。社会進出に伴いいくつかの観点から課題が出てきている。
　まずは，解釈可能性（interpretability）／説明可能AI（Explainable AI）という問題である。さきほど，4節で述べたように機械学習には人が解釈できるホワイトボックス型とブラックボックス型がある。現状のディープラーニングをはじめとした多くの方法ではブラックボックス型となっており解釈が難しい。例えば，売上が今後増加することが予測されたとする。しかし，ブラックボックス型の場合，どのような理由でそう予測されたかの理由が明確ではない。また，仮に予測に不具合があった場合にAIを調整する必要も出てくる。これはビジネスで実際に運用をするうえで問題となる。そこで，説明や解釈可能なAIが必要とされるようになってきた。これには，はじめからホワイトボックス型の機械学習を利用する方法や，ブラックボックス型の機械学習に対して，

どのようなデータが予測に貢献しているかをもとに重要度を判定する方法などがある。

次に，公平性（fairness）という問題がある。ネット通販大手の「アマゾン・ドットコム」で，AIによる人事採用システムが「女性に差別的だった」ために運用を停止したという事例がある（ロイター，2018）。面接を受ける人を選別するため，過去10年分の採用の可否や履歴書などのデータをもとにAIに学習させた。しかし，過去に採用した人の多くが男性であったため，AIがその職種に"女性は不向き"と判断してしまい問題となった。このようにデータの「バイアス」（偏り）や公平性に対処しないと，運営停止になる可能性もあり，ビジネス的にもリスクが高い。そこで，予測結果が性別やジェンダーなどのようにセンシティブな要素に対して公平になっているかを確認する公平性の指標が多く開発され，これらの公平性を考慮した機械学習もいくつか提案されている。

これ以外にも，上記に関連して単なる予測ではなくデータ間の因果関係を推論するAI，プライバシーの保護を考慮したAI，AIやデータに関する著作権の整備など，社会進出に伴う問題に対応する技術や制度設計も進んでいる。

7　AI・データサイエンスとビジネス応用

様々な技術を紹介したが，ビジネスなどへ応用するにはどうすればいいのかについて考えてみたい。

1つは，既存の企業などに導入する場合，まずは人がやっている「タスク」を見直して，そこで自動化や最適化できる領域などを考えていくという発想の仕方がある。例えば，商品の価格付けなどこれまで人手で行っていたものを自動化することが可能になっているほか，問い合わせへの対応などもチャットボットなどの技術が利用されている。もう1つは，新しい技術や新しい（埋もれている）データについて知り，それをベースに新しいビジネスへの応用を考える，つまりシーズ起点の発想の仕方がある。例えば，画像認識の技術を応用したSNSなどで利用されている顔画像の加工技術などが挙げられる。

ただし，注意すべき点がある。まず，AIやデータサイエンスを導入する大

前提として，事前に業務のシステム化とデータの確保といったことも重要である。データ分析や活用の質は，データの質にも依存している。次に，現実的にシステムを運営する場合に，それらを維持／更新する費用と効果についての，短・長期の視点も必要である。機械学習の場合は，データそのものが変化していき，予測精度そのものが低下するという側面もある。最後に，6節で述べた，公平性などの倫理への配慮など社会で運用していく際にはその責任も重要である。

以上のようにAIやデータサイエンスについて紹介したが，今日は技術の進化や社会の変化が非常に速くなりつつある。こうした中でうまく適応していくには，新しい仕組みやその技術について，文理問わず「柔軟に学習できること」はビジネスチャンスを見つけるうえでも重要である。その1つのトレーニングとしてもAIについて学んでみてはいかがだろうか。

練習問題

1　人工知能を利用した新しいビジネスについて考えてください。
2　人工知能の発展を予想し，今後のキャリアについて考えてください。

参考文献

内閣府（2019）AI戦略2019: https://www8.cao.go.jp/cstp/ai/aistratagy2019.pdf
ロイター（2018）焦点：アマゾンがAI採用打ち切り，「女性差別」の欠陥露呈で：https://jp.reuters.com/article/amazon-jobs-ai-analysis-idJPKCN1ML0DN（2022年9月26日現在）
Frey, C. B., and Osborne, M. A.（2017）The future of employment: How susceptible are jobs to computerisation?. *Technological forecasting and social change*, 114, 254-280.
Goodfellow, I., Pouget-Abadie, J., Mirza, M., Xu, B., Warde-Farley, D., Ozair, S., Courville, A., and Bengio, Y.（2014）Generative adversarial nets. *Advances in neural information processing systems*, 27.
Hinton, G. E., and Salakhutdinov, R. R.（2006）Reducing the dimensionality of data with neural networks. *Science*, 313（5786）, 504-507.

Part 3
会　計

会計学を俯瞰する

ビジネス社会に出る前にできること

> **ミニケース**　A子さんは，○○大学経営学部に入学し，どのような講義を取ろうかと思案中である。配布された履修ガイドには，「会計学入門」の説明が記載されていた。将来起業の夢があり，「会計の知識が必要かもしれない」と漠然と想像はつくものの，「会社の経理は税理士さんに任せればいいかも」と頭をよぎる。もともと数字を扱うことが苦手であることから，履修するか否か悩んでいる。皆さんなら履修しますか？

この章で学ぶこと

　本章は，会計学の主要な領域の説明を目的としている。その結果として，本章を読み終えた後，以下のことを期待したい。

- 会計を学ぶ理由が理解できる。
- 会計の概要をイメージすることができる。
- 会計学の領域を理解できる。

🔑 KEYWORD

　　財務会計　管理会計　情報提供　利害調整

1　はじめに：会計を学ぶ理由

　会計に対して，皆さんはどのようなイメージをお持ちだろうか。皆さんの中には，子供の頃，お小遣い帳を付けたことがある人もいるであろう。そうした人たちの中には，会計をお小遣い帳の企業版あるいは家計簿の企業版と思っている人もいるであろう。また，会計から公認会計士や税理士といった会計専門

職を連想し，企業の内容を金額で表す手段や税金を計算する行為と捉えている人もいるだろう。これらの人たちにとっては，会計は専門職の行為であって，そうした職業に就くことを望まない限り，学ぶ必要性を感じないかもしれない。しかしながら，会計は，ビジネス言語と呼ばれ，経済社会を生きていくうえでの必須知識なのである。

では，会計は，なにゆえビジネス言語なのか，なぜ経済社会における必須の知識なのかを考えてみたい。

会計の対象は，個人，企業，国・地方自治体などの経済主体が行う経済活動とこれに付随して発生する経済事象である。経済活動とは，経済主体が意図して行う行為のうち，貨幣額で表すことのできる活動（例えば，販売目的で商品を購入する「仕入」や仕入れた商品を販売する「売上」など）をいう。また経済事象とは，経済主体の意図とは関係なく発生した，貨幣額で表すことのできる出来事（例えば，盗難や災害など）をいう。なお，会計では，経済活動および経済事象を貨幣額で計算し表すことを「測定」といい，この測定にあたっては，経済活動や経済事象をできるだけ忠実に行う必要がある。次いで，測定された経済活動および経済事象は，帳簿に記録され，記録された情報の性質ごとに財務表としてまとめる（この財務表の集合体を「財務諸表」といい，記録されている情報を「会計情報」または「財務情報」という）。さらに財務諸表は，そこに記載されている会計情報が意思決定の判断材料として有用であるがゆえに広く公表される（これを「報告」といい，報告対象を総称して「利害関係者」という）。

したがって，「会計とは経済主体が行う経済活動およびこれに付随して発生する経済事象を測定・報告する行為」と定義することができる。

会計が経済主体の経済活動や経済事象を忠実に描写し情報提供することで，利害関係者は立場に応じたより適切な意思決定が可能となる。利害関係者には，例えば，株主，債権者，取引先，課税当局，消費者などがある。会計が提供する情報は，株主にとっては保有する株式の売却・保持・追加取得に関する意思決定を，当該企業に資金を貸し付けている銀行などの債権者にとっては与信管理（資金の貸付・回収，担保財源の確認）に関する意思決定を，取引先にとっては取引の開始・継続・終了，取引条件などに関する意思決定を，課税当局に

121

とっては納税額への対応に関する意思決定を，さらには消費者にとっては商製品価格の妥当性の判断に基づく購入するか否かの意思決定をより適切に行うために用いられる。また，上記のような企業の外部者として存在する外部利害関係者とは別に内部利害関係者である企業内の経営者であるトップ・マネジメントや部・課長などのミドル・マネジメントは，その職責の中で利益を上げるための意思決定に会計情報を利用する。

　経済社会においては，われわれはいずれか1つあるいは複数の立場の利害関係者になり得るのであって，置かれた立場で会計情報を利用することができないと判断を誤ることにつながる。これが，会計がビジネス言語または経済社会での必須知識といわれるゆえんなのである。

2　会計の種類

　会計は，経済主体による分類と報告対象とによる分類によって，いくつかの種類に分けられる。

2.1　経済主体別分類

　経済主体として，個人または家族を前提にしている会計を家計，株式会社などの企業を前提にしているものは企業会計，国・地方自治体などの行政機関を前提としてものは公会計という。また，国全体を前提とした会計は社会会計と呼ばれている。

　一般的には，会計学がメインに対象とする経済主体は，営利目的の株式会社（営利企業）であり，本章でもこれを対象に説明する。

2.2　報告対象別分類

　会計は，その報告対象を企業の外部利害関係者とする財務会計と内部利害関係者とする管理会計に大別することができる。

（1）財務会計
　外部利害関係者に向けて会計情報を報告する会計を「財務会計」という。外

部利害関係者は様々な経済的ニーズ（意思決定の判断材料としての必要性）を有しており，これにかなう会計情報を提供することが財務会計の目的となる。

しかし，外部利害関係者の経済的ニーズは，その立場の相違により一様ではない。このため，企業が独自で特定の外部利害関係者を想定して会計情報を報告しても，想定外の外部利害関係者にとって有用であるとは限らない。だからといって，外部利害関係者ごとに会計情報を提供することは現実的ではない。

そこで財務会計は，投資者および債権者はほかの外部利害関係者よりも意思決定にあたり会計情報への依存度が高いこと，また彼らの経済的ニーズを満足させるために提供される情報は，ほかの外部利害関係者のニーズを満たすのにも少なからず有用であることなどを理由に，報告対象を特に株主および潜在株主を含む投資者ならびに債権者に措定し設計されている。

また，外部利害関係者相互間あるいは企業と外部利害関係者の間では，利益を起因とする利害対立が生じている。例えば，株主への高額配当を行えば企業の財産が減少することになるが，これは債権者にとっての担保財源の減少を意味する。また高額配当を行うためには商品の値上げが行われることになるかもしれず，それは消費者にとってマイナスに作用する。さらに高額配当は，企業

図表11-1　利益をめぐる利害の対立

株主は高額配当を求める

企業は不測の事態に備え内部留保したい

消費者は利益還元として商品の値下げを求める

利益

債権者は担保財源として企業内で維持したい

123

の今後の事業拡大のための積立や不測の事態に備えた積立といった内部留保を妨げるものにもなる。

対立する利害を調整するためには，利益計算のためのルールを定める必要がある。ルールがあれば，一応，利害関係者は納得するからである。このルールは，「一般に公正妥当と認められる企業会計の基準」（Generally Accepted Accounting Principles；GAAP）と呼ばれており，わが国では，①企業会計原則・企業会計基準等（日本基準），②SEC基準（米国基準），③IFRS（国際財務報告基準）および④修正国際基準（IFRSを企業会計基準委員会が日本向けにカスタマイズしたもの）から構成されている。したがって，各企業は，GAAPを構成する4種類のうちから1つを選択して会計処理を行わなければならない。こうしたルールに基づいて会計が行われるため，財務会計は制度会計と呼ばれることがある。

また，選択したGAAPでは，ある経済活動または経済事象に対して複数の測定方法が認められている場合がある。各企業は，認められた測定方法の中から1つを選択することになるが，いったん選択した方法は合理的理由がない限り変更できず，継続適用しなければならない。

こうしてみると，財務会計のルールは，適用するGAAPの選択と選択したGAAP内での測定方法の選択があり，比較的広範なルールのように思われる。またこのことは，測定方法に幅をもたせることになり，測定方法の選択如何によって作成される会計情報の中身が異なることになる。つまり，同じ経済活動または経済事象であっても，利益が異なることになる。われわれはこの事実を心に留めておかなければならない。

さて，財務会計には依るべき基準が存在することはわかったにせよ，財務会計の根本的なメカニズムはどのようなものであろうか。

会計の定義は，「経済主体が行う経済活動およびこれに付随して発生する経済事象を測定・報告する行為」とし，報告手段が財務諸表であることはすでに述べた。この財務諸表は，測定された経済活動および経済事象を情報の性質ごとにまとめた財務表の集合体である。ここでいう「情報の性質」とは，財政状態と経営成績を指す。

財政状態とは，企業の一時点の資産（経済活動を行うための道具，例えば，

図表11-2 貸借対照表

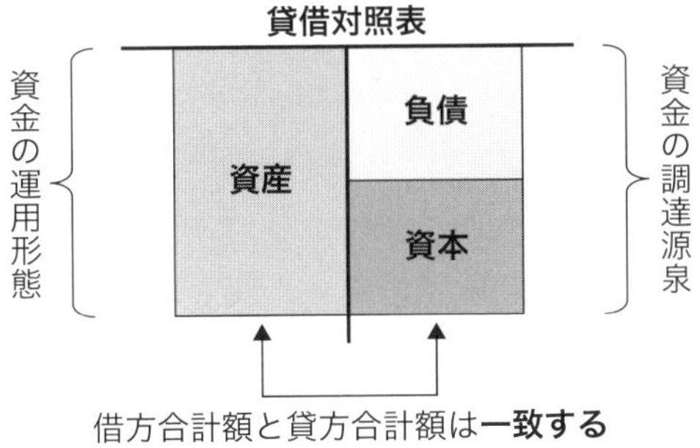

貸借対照表

資金の運用形態 ｛ 資産 ／ 負債 ・ 資本 ｝ 資金の調達源泉

借方合計額と貸方合計額は**一致する**

現金, 商品, 建物, 備品など), 負債(弁済義務の金額, 例えば, 借入金など)および資本(純資産, 株式の発行により得た金額, 例えば, 資本金など)をいい, これらの性質をもつ情報を集計した財務表を貸借対照表(Balance Sheet; B/S)という。貸借対照表は, いわば企業の経済活動に必要な資金の調達源泉と調達した資金の運用形態を表示するものである。

資金の調達源泉は貸借対照表の右側にあたる「貸方」に表示(負債, 資本(純資産)の順で記載)し, その運用形態は左側にあたる「借方」に表示する。このとき, 借方合計額と貸方合計額は必ず一致する(すなわちバランスがとれた状態になる)。

一方, 経営成績とは, 一定期間における費用(経済活動における経営努力, 例えば, 仕入, 給料, 水道光熱費など)および収益(経済活動における経営成果, 例えば, 売上など)ならびに収益−費用による差額計算の結果をいい, この差額計算の結果がプラスであれば利益となり, マイナスであれば損失となる。費用, 収益, 利益(または損失)の性質をもつ情報を集計した財務表が損益計算書(Profit and Loss Statement; P/LまたはIncome Statement; I/S)という。

経営努力である費用は損益計算書の左側にあたる「借方」に記載し, 経営成果である収益は右側にあたる「貸方」に記載する。このとき, 借方合計額と貸方合計額はほとんどの場合一致しない。したがって差額である利益または損失を記載することで一致させる(利益は借方に, 損失は貸方に記載する)。

図表11-3 損益計算書

借方合計額と貸方合計額を**一致させる**

（2）管理会計

　管理会計は，経営者であるトップ・マネジメントや部・課長などのミドル・マネジメントなどの企業内のマネジメントに対し経営判断を行うための情報を伝達することを目的とした会計である。マネジメントは，経済活動を遂行する上で，計画の立案（Plan），実行（Do），評価（Check），改善（Action）のいわゆるPDCAサイクルを回し，企業内の経済資源を管理することになる。このためには，財務会計で外部利害関係者に報告する財務諸表（外部会計情報）に加えて，さらに多くの会計情報（財務諸表にまとめる前の会計情報，内部会計情報）や会計情報を加工した様々な比率，貨幣単位以外の物量データも利用する必要がある。したがって管理会計では，利益獲得を目指して，企業が保有する経済資源の効果的な配分や効率的利用を考えるマネジメントに対して，意思決定に有用となりうる情報を提供することとなる。

　財務会計情報と管理会計情報の特徴は，次のようにまとめることができる。

財務会計情報と管理会計情報

比較項目	財務会計情報	管理会計情報
（1）情報利用者	企業外部の利害関係者	企業内部のマネジメント
（2）主要会計機能	利益の配分 利害関係者間の利害調整	利益の獲得 経営管理用具
（3）会計の性質	法的，制度的会計	私的会計
（4）会計情報の価値判断基準	GAAPへの準拠性	経営管理への有用性
（5）会計情報の測定尺度	貨幣的測定	貨幣的測定のみならず，物量的測定も重要
（6）伝達媒体	財務諸表	企業独自の様式
（7）情報利用目的の一般性と個別性	情報利用者が不特定多数であるため，提供する情報は誰もが利用可能な一般目的の情報となる	情報利用者が企業内の特定少数のマネジメントであるため，提供する情報は，一般目的のほか特定目的の情報となる
（8）会計情報の時間的差異	利益配分のため，客観性，検証可能性を重視し，主として過去情報を扱う	利益獲得のため，とりわけ意思決定や計画のため，未来情報を重視する
（9）会計情報のカバーする範囲	外部利害関係者にとっては，その企業に関する全体情報があれば十分	マネジメントにとっては，その企業の全体情報のほか，経営改善に資する部分情報も不可欠

［出所］岡本清ほか（2008）p.6の表を加筆修正

3 会計学の主な領域

3.1 複式簿記と原価計算

　会計は，経済主体が行う経済活動および経済事象を測定・報告する行為である。このうち，測定とは経済活動および経済事象を貨幣額で計算し表すことをいうが，測定において重要となるものが，経済活動や経済事象を財務諸表などの報告媒体にまとめる技術であり，それが複式簿記や原価計算である。

「複式簿記は，企業の期間的総合業績を把握するために役立つのに対し，原価計算は，個々の経営活動単位やプロジェクト単位別の業績を把握する目的に適している」（岡本清ほか，2008，p.4）とされる。それは，複式簿記が会計期間に関連づけて収益と費用の差額計算に基づく期間損益計算を処理するシステムであり，原価計算は，経営活動から生じるアウトプット（経営給付）とそのために必要なインプット（原価）の差額計算に基づく原価・給付関係計算を処理するシステムだからである。

会計学における複式簿記や原価計算は，その測定技術と処理システムの考察を行うものである。

3.2 財務会計論と管理会計論

財務会計は外部利害関係者への情報提供を目的にしているが，その際GAAPに準拠した情報提供が行われる。このGAAPへの準拠性は，利害調整を行うためには必須の要件である。また，外部利害関係者に対し，意思決定に有用な情報の提供機能も果たさなければならない。すなわち財務会計論は，利害調整機能と情報提供機能を果たしていくうえでの仕組みや理論の考察あるいは利害調整機能と情報提供機能の最適バランスを考慮したGAAPの開発を行うことになる。

一方，管理会計論は，マネジメントの経営管理に役立つ情報の開発を対象とした学問領域である。「経営管理に役立つ」とは，利益獲得のため，実績を把握し，計画と実績に大きな乖離が見られた場合，代替案の選択実行をただちに可能にすることをいう。したがって管理会計論は，経営戦略の策定と遂行のための会計の仕組みづくりを検討することになる。

3.3 監査論

会計によって提供される情報に基づいて利害関係者が意思決定を行う場合，提供される情報の信頼性が問題となる。誤った情報のもとでは誤った意思決定しかなされない。意思決定の拠りどころである報告情報の信頼性を担保する行為が監査である。

監査は，もともとは委託＝受託関係の成立を出発点にしている。委託者が経

済的資源や権限を受託者に委託した場合，受託者には受託責任（stewardship：受託財を委託者の意図に沿うよう管理・運用すること）と報告責任（accountability：受託財の管理・運用状況または運用結果を説明すること）が課せられる。委託者は，受託者が報告した内容に基づいて，受託者の受託責任の遂行状況を確認し，また意思決定の拠りどころとする。

　このとき，受託者と委託者の間に一定以上の利害の対立が存在していたり，報告内容が委託者の意思決定に大きな影響を与えるものであったり，複雑で内容を理解できないものであったり，委託者自身によって確認することができないものであったりする場合，委託者は受託者からの報告内容の信頼性に疑問を抱き，受託者とは利害関係のない独立の第三者に確認してもらいたいと願うはずである。これが監査を必要とするそもそもの所以である。

　株主が委託者であり，取締役が受託者となる株式会社制度においては，取締役がGAAPに準拠して会計行為を行い，その結果を財務諸表等にまとめ，ありのままに報告しているかを確認する行為が会計監査（公認会計士監査）である。また，取締役が受託責任を果たしているかを確認する行為を業務監査（監査役等監査）という。さらに，社内では取締役等のトップ・マネジメントからミドル・マネジメントへ，さらには従業員へと権限の委譲がなされ，経済活動が遂行される。この組織体内部における委託＝受託関係をベースに監査が実施される場合があり，これを内部監査という。

　監査論は，これら3つの監査様態を研究領域とする分野である。

3.4　ファイナンス

　一般に，企業が経済活動を遂行する上で必要となる資金を調達する方法をファイナンスという。ファイナンスには，エクイティ・ファイナンス（equity finance）とデット・ファイナンス（debt finance）があり，前者は株式発行による直接金融であり，資本の増加を伴う。一方，後者は銀行からの借入れや社債の発行により資金を調達するものであり，間接金融と呼ばれ，負債の増加をもたらすとともに支払利息といった費用を発生させる。

　また，ファイナンスをもっと広く捉えると，企業は自ら投資等を行い，そこから得られる利益をもって資金調達を行うことも考えられる。この場合は，投

第11章　会計学を俯瞰する

129

資対象資産の利回りに対する理解が必要となる。

　企業にとって，資金の調達コストをいかに低減させることができるかは財務戦略上非常に重要な課題であって，これに対処する学問領域がファイナンスである。

4　むすびにかえて

　本章では，営利企業を前提に，会計を報告対象別分類に基づいて財務会計と管理会計に分けて説明を行ったものの，その本質を利害関係者による意思決定の基礎となる情報提供ととらえている。そして提供される情報の測定手段である複式簿記と原価計算の学問領域を概説した。また，情報の信頼性を担保する仕組みを対象とする監査論については，その基本的な考え方をごく簡潔に説明している。さらには，企業の財務戦略を支えるファイナンスについても触れている。

　まだまだ会計学の学問分野は広く深いが，あらゆる組織体において必ず存在するのが「会計」である。会計学に関心が向いてもらえれば幸いである。

練習問題

1　複式簿記が財務会計と密接に結びつくとされる理由を考えてください。
2　原価計算が管理会計と密接に結びつくとされる理由を考えてください。
3　監査を実施する人の立場について説明してください。

参考文献

岡本清・廣本敏郎・尾畑裕・挽文子（2008）『管理会計（第2版）』中央経済社

第12章

ビジネスと会計

ミニケース　　社会人1年生のA子さんは，新人研修の資料で紹介されていた「社会人が今後取得したい資格」というアンケートが気になっていた。ランキングの上位に，英語と並んで簿記がランクインしていたからだ。しかし，学生時代に会計を学ぶ機会がなかったA子さんには，ビジネスにおける会計の重要性がいまひとつピンとこない。

そんなタイミングで開かれた配属先の歓迎会。先輩たちの会話を何気なく聞いていると，「休日は資格のための勉強で結構忙しい」という話が聞こえてくる。A子さんは勇気を出して話の輪に加わり，もう少し詳しく聞いてみることにした。ビジネスと会計にはいったいどんな関係があるのだろうか。

この章で学ぶこと
- 会計がビジネスにおける「共通言語」であることを理解する。
- 会計の専門的知識は，広い範囲で長く使える強力なサポートアイテムになることを理解する。

🔑 KEYWORD

ビジネスと会計　会計基準

1　利益の計算

　80円で購入した商品を100円で販売した場合，利益は20円（＝100円－80円）と簡単に計算できる。会計の目的の1つは，企業がビジネスで得た利益を計算することであるが，このようにシンプルな取引を前提とすれば，会計という分野をわざわざ学ぶ必要はないようにも感じられる。

しかし，取引が少し複雑になると利益の計算は意外に難しい作業になる。例えば以下のようなケースを想定して企業Aの利益を計算してみよう。なお，取引はすべて現金で行われ，期末の売れ残りはないと仮定する。

企業Aのビジネスの概要
● 1年間の商品の販売金額は100万円
● 1年間の商品の購入金額（原価）は80万円
● 事務用のパソコン（30万円）を3年に1度購入

企業Aには毎年安定的に100万円の販売実績があり，その商品の原価は80万円であるため，商品の販売による利益は20万円である。会計の世界では，商品の販売金額から，その商品の原価を控除した金額を「売上総利益」と呼ぶので，企業Aの売上総利益は毎年20万円ということになる。

ここまでの計算プロセスは冒頭のシンプルな取引と同様であるが，今回のケースにはもう1つ考慮すべき取引がある。企業Aは，販売活動に伴う事務を処理するために30万円のパソコン（PC）を購入しており，3年に1度，新しいものに買い替えている。このため，1，4，7年目…に30万円の出費が必要になる。

このようなケースを前提に企業Aの1年間の利益を計算する場合，PCの購入代金30万円というコスト（費用）をどのように処理するか，具体的には，次の2つの選択肢のいずれを採用するかによって計算結果は大きく異なる。

---

① 支払いという「現金の動き」にあわせて費用を計上する
② PCの「利用状況」を勘案して少しずつ費用を計上する

まず，PCを購入する年（1，4，7年目…）に30万円の支払いが生じるという「現金の動き」にあわせて費用を計上する場合，1年目は▲10万円の損失（＝売上総利益20万円－30万円）が計上され，PCの購入がない2年目と3年目は売上総利益の20万円がそのまま最終的な利益として計上される。そして，4年目以降はこのデコボコした同じパターンの繰り返しになる（**図表12－1**）。

次に，PCを毎年同じように使っているという「利用状況」を勘案して，1年当たり10万円（＝30万円÷3年）の費用を計上する場合には，毎年一定の10

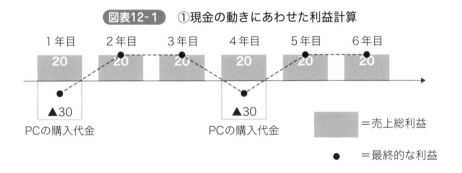

図表12-1 ①現金の動きにあわせた利益計算

1年目	2年目	3年目	4年目	5年目	6年目
20	20	20	20	20	20

▲30
PCの購入代金

▲30
PCの購入代金

■ ＝売上総利益

● ＝最終的な利益

図表12-2 ②PCの利用状況を勘案した利益計算

1年目	2年目	3年目	4年目	5年目	6年目
20	20	20	20	20	20
▲10	▲10	▲10	▲10	▲10	▲10

1年当たりの
PC関連費用

■ ＝売上総利益

● ＝最終的な利益

万円（＝売上総利益20万円－PC関連費用10万円）が最終的な利益となる（**図表12-2**）。

　現代の会計のルールにおいては，これら2つのパターンのうち，PCの利用状況を勘案した利益計算（②）が採用されている。つまり，長期にわたって使うものを購入したときには，購入のタイミングで一度に全額を費用として計上するのではなく，使っている期間に応じて少しずつ費用を計上することになっている。会計の世界で，このような考え方は「減価償却」と呼ばれている。

　しかし，現金の動きにあわせた利益計算（①）が何か根本的に「間違っている」ということではない。現金の動き（支払いという事実）を素直に利益計算に反映させたほうが，客観性という観点からは優れているという見方も可能である。

　結局のところ，会計の世界には数学や物理のような意味で唯一正しい「正解」が存在するわけではない。今回のケースで言えば，2つの計算結果を比べ

たときに，「減価償却を通じて計算した利益のほうが，企業の実力をうまく表現できているのではないか」という考え方が長い歴史の中で支持されるようになり，それがルールとして採用されているということである。

2　会計基準の役割と国際的な流れ

　会計のルールに「正解」がないのであれば，企業の選択に任せるというのも1つのアイデアかもしれない。しかし，それぞれの企業が自分にとって都合の良い方法で成績表を作るようになると，複数の企業の成績を横並びで比較することが難しくなってしまう。

　これは，企業の成績を評価して投資の意思決定を行う立場にある投資家にとって大きな問題である。このため，統一的なルールとして「会計基準」が定められ，企業は会計基準に従って成績表を作成することが求められている。

　企業が作成する基本的な成績表には「貸借対照表」と「損益計算書」がある。これらはまとめて「財務諸表」と呼ばれており，それぞれの役割は次のとおりである。

貸借対照表：
- 企業の財政状態（どのように資金を調達して，どのような資産を保有しているか）を報告するための財務諸表

損益計算書：
- 企業の経営成績（いくらの利益が得られたか）を報告するための財務諸表

　従来は，国ごとに独自の会計基準を定めるのが一般的であったため，各国の会計基準には様々な違いが存在していた。しかし，近年ではIASBと呼ばれる組織が作成する国際的な会計基準の普及や，基準間の違いを解消するための国際的な努力の進展により，世界的にほぼ共通の会計基準が使われている。

　IASB（International Accounting Standards Board：国際会計基準審議会）はロンドンに拠点をおく会計基準設定主体であり，IASBが作成する国際的な会計基準はIFRS（International Financial Reporting Standards：国際財務報告基準）と呼ばれている。

134

IFRSは，2005年以降のEU（欧州連合）の会計基準として採用されたことを契機にいわゆるグローバル・スタンダードの地位を確立しつつあり，現在では100を超える国や地域の会計基準として採用されている。

ちなみに日本は，（IFRSを義務づけるのではなく）IFRSも認めるという立場をとっているが，IFRSを使う大企業は年々増えている。2022年6月末時点で，東京証券取引所の上場企業の時価総額（発行されている株式の価値の合計）700兆円のうち，IFRS適用会社（予定も含む）の時価総額は316兆円，比率にして45.1％を占めている（東京証券取引所，2022，p.6）。

このように会計基準は国際的に統一される方向にあり，国境を越えて企業の成績を比較することはますます容易になっている。

3 会計の特徴

会計の専門的知識には，汎用性が高く，陳腐化しにくいという2つの大きな特徴がある。これら2つの特徴は，これから会計を学ぶうえで重要な要素である。

まず，汎用性が高いというのは，様々な場面，場所で使えることを意味する。製造業，サービス業など業種を問わず，どんな企業でも財務諸表は作成するため，一般に財務や経理と呼ばれる部署や機能を持たない企業は存在しない。したがって，会計の専門的知識は，将来どんな企業で働くことになっても必ずその企業の中で活用されている。

しかし，会計は財務や経理で働く人だけに求められる知識ではない。なぜなら，「会計はビジネスの共通言語」と言われるように，前述の減価償却をはじめ，会計で使われている用語や考え方の多くは，ビジネスを行ううえで知っていることが前提とされているからである。

どんな競技の試合であっても，参加する人はルールを知っていることが前提になっている。「企業の成績表を作るためのルール＝会計基準」であれば，業種は違っても，より良い成績（利益）という共通の目標を持つすべてのビジネスパーソンにとって，会計の用語や考え方が共通言語になるのはある意味自然なことであろう。

しかも，国際的な会計基準であるIFRSの普及などによって，今や会計基準はほぼ世界共通になりつつある。つまり，会計は単なるビジネスの共通言語ではなく，グローバルなビジネスの共通言語になっている。

　世界中どこでも同じ会計のルールが使われているということは，例えば会計に加えて英語を自由に使いこなせるようになれば，活躍できる領域が一気に広がることを意味する。これは，これから会計を学ぶうえで大変心強い話である。

　次に，陳腐化しにくいというのは，一度身につけた知識が長く使えることを意味する。

　会計の世界では，ある1つの企業活動（取引）を記録するときに，結果として企業に生じた変化を2つの側面から捉える「複式簿記」（以下，単に簿記）という極めて独特な記録方法が採用されている。

　例えば，企業が銀行から100万円の現金を借りたという取引であれば，①企業の手元の現金が100万円増加したと同時に，②返済しなければならない借入金が100万円増加したという2つの変化に着目し，「仕訳」と呼ばれる次のような1行の「メモ書き」として記録される。なお，（借方），（貸方）というのは，それぞれ単純に，左，右を表す簿記特有の用語である。

（借方）現金　1,000,000　　（貸方）借入金　1,000,000

　簿記の起源については諸説あるが，現在に至るまで少なくとも数世紀に渡って使われていることは間違いない。簿記がここまで長い間使われてきた要因の1つとして，企業の活動を記録，集計する方法として簿記が優れていたことがあげられる。また，簿記をベースに作成された会計情報（財務諸表の数字）が，投資家をはじめとする利害関係者に対する情報公開（ディスクロージャー制度）や税金の計算など，広い範囲で使われてきたことも影響している。つまり，今さら簿記とは異なる別の記録方法に変更するという選択肢は，（仮にその新たな方法が優れたものであったとしても）社会全体としての移行コストが大きすぎて現実的ではなくなってしまった，ということである。

　会計という分野は，その根本にある簿記の特殊性ゆえに，初学者が入り口の段階で難しく感じることも多い。しかし，基本的な仕組みさえ理解してしまえ

ば，将来にわたって長く活用できることが約束されている分野とも言える。もちろん，企業をとりまく環境の変化や，新たな商品や取引に対応した細かなアップデートは必要であるが，そうした対応はそれほど難しいことではない。

4　会計の活用

　次に，ビジネスにおける会計の活用例として，簡単な財務分析を考えてみよう。財務分析とは，財務諸表の数字を使って企業の収益性や安全性などの特徴を読み取ることである。ここでいう安全とは，財務構造や資金繰りに問題がなく，すぐには倒産という事態にならないことを指す。

　企業の安全性を評価するための指標の１つに，貸借対照表をベースとする「自己資本比率」がある。貸借対照表の基本的な構造は**図表12-3**のとおりで，自己資本比率は，「資本」（純資産とも呼ばれる）の金額を「資産」の金額で割った比率として計算される。

　資本というのは，「株主が企業に出資した金額」と「企業が過去に蓄えた利益」の合計であり，ビジネスがうまくいかずに赤字（損失）が続いた場合のいわばクッションの役割を果たす。したがって，自己資本比率が高いということは，資産の大きさ（≒企業の規模）に対してクッションが厚いので何かあっても負債の返済に困って倒産することはない，つまり安全性が高いことを意味する。

　今，新たな取引相手の候補として企業AとBを比較していて，販売した商品

図表12-3　貸借対照表の基本的な構造

貸借対照表

←借入金など
●返済義務あり＝<u>期日までに返済できなければ倒産</u>

←株主からの出資と過去の利益の蓄積
●返済義務なし＝<u>クッションの役割</u>

137

図表12-4 自己資本比率による安全性の比較

企業Aの貸借対照表

企業Aの自己資本比率
=80%（=80÷100）

企業Bの貸借対照表

企業Bの自己資本比率
=20%（=20÷100）

の代金をきちんと払ってくれるか（突然倒産したりしないか）が気になっているとしよう。仮にAとBの資産の中身や毎期の利益は同じくらいで，それぞれの自己資本比率が**図表12-4**のとおり80％，20％の場合，安全性（クッションの厚さ）という観点からはAが選択されることになる。

　以上はあくまで一例であるが，財務分析とは基本的に財務諸表を読みこなし，使いこなすことである。したがって，財務諸表の作成プロセスに関する専門的知識が豊富なほど，より高度で複雑な財務分析が可能になる。

5　会計と資格

　会計が関係する資格は数多く存在する。まず，公認会計士や税理士のように，会計に関する高度な専門的知識が不可欠で，かつ，独占的な業務が認められている資格がある。

　例えば，企業が作成した財務諸表を独立した立場からチェックし，財務情報の信頼性を担保する「監査」と呼ばれる業務は，法律によって公認会計士だけに認められている。これらの資格試験は難易度が高いが，資格の取得が職業的専門家としての将来のキャリアに直結している点が大きな魅力である。

　また，商工会議所が主催する日商簿記検定試験のように，企業実務において求められる基本的な会計の知識や財務分析能力を示す資格もある。

Part3　会計

138

簿記検定のメリットとしては，就職や転職活動においてその成果を活用できる（履歴書に書ける）こと，実力の伸長に応じて3級→2級のように段階的に上級レベルの試験に挑戦できることがあげられる。また，自分のペースに合わせて試験日程を自由に選択できるネット試験の導入などにより，以前よりも挑戦しやすい環境が整備されている。

このほか，証券アナリストや中小企業診断士など，金融，経済，経営に関係する数多くのほかの資格においても，会計や財務に関する専門的知識が求められている。これは，ビジネスの幅広い領域において会計が極めて実践的な役割を果たしていることを示している。

将来どのようなキャリアパスを選択するにせよ，社会人としてのスタートやその後のステップアップのために，会計の専門的知識が強力なサポートアイテムになることは間違いない。

練習問題

1 どのような人あるいは組織が企業の財務諸表に関心を持っていますか。また，それらの利害関係者は財務諸表をどのように利用していますか。
2 会計が関連する資格には，この章で紹介されているもの以外にどのようなものがありますか。

参考文献

東京証券取引所「会計基準の選択に関する基本的な考え方」の開示内容の分析（2022年7月22日）
https://www.jpx.co.jp/news/1020/20220722-01.html（2022年8月17日現在）

第12章

ビジネスと会計

第13章
ビジネスに必須な原価計算

ミニケース　あるパティスリーのお店では，クリエイティブなパティシエが環境に配慮した良質な素材を厳選して店頭で丁寧に作り上げる焼菓子を製造販売している。このお店はデパートにテナントとして入居しており，そのデパートの3周年記念イベントに合わせて商品を30%オフの特別価格で1カ月間提供することとなった。デパートのアプリでこれが広く伝わり，初日から多くの顧客が押し寄せ，商品は午前中で完売となった。店長は売上を伸ばす絶好の機会と考え，急遽新しい調理機器を調達し，パティシエも増員して製造数を増やした。幸いにも顧客は途切れることなく焼き菓子は完売し，イベントは無事終了した。

このお店の会計はいわゆる丼勘定で，店長は「通常販売価格を材料費（小麦粉・たまご・バター・砂糖等）の5倍としているので，これを3割引きにしても販売数量が増加するから利益も増えるはず」と思っていた。だが後に会計担当者が調べてみると，このイベント期間の販売数量は前月の2倍以上だったが，利益額は前月よりかなり落ち込んでいた。店長は「なぜ？」と首を傾げている。どんな原因が考えられるだろうか。

この章で学ぶこと
● 原価計算を学ぶ意義について理解する。
● 企業のタイプによる原価の仕組みについて考える。
● 原価計算基準に沿った原価計算の基礎について学ぶ。

🔑 KEYWORD
原価計算　原価　原価計算基準

1 原価計算を学ぶ意義

　原価計算は会計学の一領域であり実用的な学問である。会計は経済活動を対象とする統一的な記録・管理の手法であり，すべての企業は会社法，税法（会社なら法人税法，個人なら所得税法）および業種ごとの関連法等により会計の実施が義務づけられている。したがって，すべての企業は会計を行なわなければならない。その中で原価計算は主として生産活動を対象とし，それは製造業・建設業・加工業・鉱業・酪農業・発電業等のいわゆるモノづくりに限定されず，その対象には金融業・医療・サービス業等も含まれ，よって商品を仕入れて転売する商業以外のすべての業種に適用される。

　原価計算と聞くと工業簿記を連想して大きな工場を思い浮かべる読者もいるであろうが，原価計算の適用範囲は非常に広く実践的であり，しかも身近なものである。

　本章では，次節で企業のタイプによる原価の仕組み等について述べ，第3節で原価計算基準に沿った原価計算の基礎を概説し，第4節では冒頭のミニケースについて検討する。

2 企業活動と原価計算

2.1 企業のタイプによる原価の仕組み

　企業はその形態により，① 商品を仕入れて顧客に販売する商業，② 仕入れた材料を製品に加工し（製造活動）これを販売する製造業，③ サービスを顧客に提供するサービス業に大別される。

　商業の活動は購買と販売からなり，身近な例は薬・化粧品・日用品等をメーカーや卸売業者から仕入れて販売するドラッグストア等の流通業である。商品を仕入れて転売する商業は生産活動に含まれない。商業では次の（1）式のように商品の売上高と売上原価の差で利益を出す。

$$売上総利益＝売上高－売上原価 \tag{1}$$

141

（1）式の売上原価は次の（2）式により求められる。

売上原価＝期首商品棚卸高＋当期純仕入高−期末商品棚卸高　　　　（2）

　製造業は，簡単に言えばモノを作って利益を出そうとする業態であり，例えば化学関連の製造業であれば洋服の素材となる繊維，食品関連の製造業であれば菓子・パン・加工食品のように，製品製造に必要な財貨および用役を購入・導入し，それらを消費して製品を生産するという製造活動に従事する。これは商業にはない活動であり，このため製造業では商業の売上原価を計算する（2）式をそのまま使用することはできない。

　サービス業は，簡単に言えば各種のサービス，知識，設備や機器の利用機会等を提供することで利益を出そうとする業態であり，例えば情報通信業・宿泊業・飲食サービス業・医療福祉・生活関連サービス業（ヘアサロン等）等がある。サービスを生み出すためには商業と異なる活動が行われ，この活動に伴う原価が生じる。よってサービス業においても，商業の売上原価を計算する（2）式をそのまま使用することはできない。

　このように製造業やサービス業では商業とは異なる活動がともなうため，商業にはない原価計算という手続きに沿って総原価を求めることとなり，これは次の（3）式で表される。

総原価＝製造原価＋販売費＋一般管理費　　　　（3）

　製造原価は製品の製造活動（サービスの提供を含む）に要する原価であり，販売費は販売活動に要する原価である。製造および販売に関する管理活動に要する原価を管理費というが，製造に関する管理費は製造原価に，販売に関する管理費は販売費に分類され，どちらに要したか明確ではない管理費が一般管理費となる。

　以下，原価計算の対象となる製造業とサービス業について，製造業ではベーカリーを，サービス業ではヘアサロンを例にそれぞれの原価構造を概観する。

2.2　製造業の例

　ベーカリーの総原価の中で製造原価となるものとしては，まず，パンを製造するための小麦粉・水・イースト・塩・たまご・ミルク・バター等の材料費がある。そして，パン職人の賃金・給料等の人件費も製造活動に要する原価であ

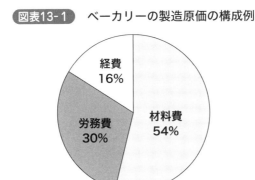

図表13-1 ベーカリーの製造原価の構成例

[出所] 第一屋製パン株式会社　有価証券報告書（2022）p.72を参考に筆者作成

り，労務費として製造原価の一部となる。さらに，パンの製造に関連した水道光熱費，オーブン・ミキサー等の機械装置やベーカリーの建物の減価償却費等も製造原価の一部となる。このように製造活動に関連した費用の合計が製造原価である。他方，同じ人件費でも，パンを販売する際の営業スタッフの給料等は販売活動に要する原価であるから販売費となる。また，工場から店舗・顧客へ商品を配送する際の輸送費，販売店舗の賃借料・水道光熱費・広告宣伝費等，販売活動に関連した費用も販売費となる。さらに本社・本部の総務・庶務，経理等の人件費およびその場所の賃借料等は，製造あるいは販売に直結しないので一般管理費となる。このように，給料，水道光熱費，賃借料等と名称は同じであっても，その用途・目的に応じて製造原価，販売費及び一般管理費に分けて把握されることになる。

　公表されている資料からベーカリーの製造原価の構成例を**図表13-1**に示す。

2.3　サービス業の例

　次にヘアサロンの原価を考察する。ヘアサロンではカット・ヘアカラー・パーマ・ヘッドスパ等のヘアケアサービス（人的役務）を提供しており，その製造原価，販売費及び一般管理費の項目として以下が考えられる。まず，製造原価の中の材料費として，ヘアカラー・パーマといったサービスを提供する際

図表13-2 ヘアサロンの製造原価の構成例

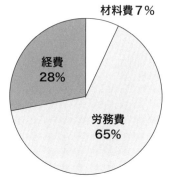

材料費7%

経費
28%

労務費
65%

[出所] 株式会社AB&Company有価証券報告書（2022）p.8を参考に筆者作成

に必要なヘアカラー剤・パーマ剤・スタイリング剤等の薬剤が挙げられる。また スタイリストの給料等の人件費はまさにサービス提供に必要なものであり，これも製造原価に含まれる労務費である。さらにサロンではカット・ヘアカラー・パーマ・洗髪，そしてドライヤー等を使用するので，水道光熱費・電動シャンプーユニット等の機械装置の減価償却費・店舗の賃借料が発生し，これらは製造原価の中に含まれる経費である。他方，ヘアサロン間の競争は厳しく宣伝・広告に積極的に取り組むことが多いことからWebサイト・SNS（Instagram・Facebook・Twitter・LINE等）によるオンラインマーケティング，看板の設置費用，メンバーズカードの作成・維持費用等の広告宣伝費は販売活動に伴う費用であり販売費に該当する。また，ベーカリーの例と同様に，本社・本部の総務・庶務，経理等の人件費およびその場所の賃借料等は一般管理費となる。

　公表されている資料からヘアサロンの製造原価の構成例を**図表13－2**に示す。

　上記のようにヘアサロンでは材料費の割合は小さく，スタイリストに対して支払われる技術料（人件費）が原価の大部分を占める。またシャンプー・トリートメント等のヘアケア商品の物販収益も多少ある。一般的に，製造業では材料費の占める割合が大きく，サービス業では労務費の占める割合が大きいとされる。

3 原価計算の基礎

3.1 原価計算の概念および目的

（1） 原価計算の概念

原価計算は，企業内部の経済活動，特に生産活動を測定する会計の一分野であるが，企業をめぐる環境の変化に応じ，企業に課せられた多種多様な課題に対処するために，その目的と機能は多様化し領域も拡張されてきている。このため原価計算の概念は広義に用いられる場合と狭義に用いられる場合がある。広義の原価計算は，管理会計の領域と同義であり，他方，狭義の原価計算は原価計算制度として捉えられる。さらに，最狭義の原価計算として生産活動のみを対象とする製品原価計算がある。本節では，狭義の原価計算について述べる。

原価計算制度とは，財務会計機構である一般会計システムに組み込まれた原価計算，具体的には原価計算基準（1962年（昭和37年）公表，大蔵省企業会計審議会中間報告）（以下「基準」という）に従って行われる原価計算を意味する。なお，原価計算制度は実際原価計算制度と標準原価計算制度とに分類することができる（基準2）。

以下では基本的に基準の骨格に沿ってその概要を紹介する。

（2） 原価計算の目的

基準は原価計算の目的を概ね以下のように示している（基準1）。

①　財務諸表に表示するために必要な真実の原価の集計。
②　価格計算に必要な原価資料の提供。
③　原価管理に必要な原価資料の提供。
④　予算の編成ならびに予算統制に必要な原価資料の提供。
⑤　経営の基本計画設定に必要な原価情報の提供。

会計は，その目的と機能という観点から財務会計と管理会計に分類され，よって会計の1領域である原価計算の目的も，財務会計目的と管理会計目的に区分される。財務会計目的のための原価計算は，上記の原価計算の目的①に該

当する。他方，管理会計は，企業の経済活動を経営管理目的のために計画・測定・統制する会計の総称であり，企業内部の経営者に役立つ情報を提供する会計である。管理会計目的のための原価計算は，上記の原価計算の目的②から⑤が該当する。

3. 2　原価の概念および原価の構成

（1）　原価の概念

　原価とは，企業の経済活動である購買，生産，販売（マーケティングを含む），物流，研究開発，一般管理等の経営目的のために，正常な状態のもとで発生した財貨および用役の消費量を貨幣価値で表したものである（基準3）。ここで，財貨（goods）とは，材料・消耗品・機械・設備・建物・車両等の有形の経済財であり，資産として物理的に保管可能である。他方，用役（services）は役務ないしサービスともいわれる無形の経済財であり，そのままでは資産として保持できないため在庫不可能である。

　さらに，基準4は，「原価の諸概念」を次のように示している。

①　実際原価と標準原価

　実際原価は実際消費価格と実際消費数量の積として計算された原価である。他方，標準原価は，科学的・統計的調査により見積もられた標準消費量と標準価格（ないし正常価格）の積により算定された原価である。具体的には，原価標準（製品単位当たりの標準原価）を設定し，これに実際生産数量を乗じて算定する。これらの関係は次式により示すことができる。

標準原価＝原価標準×実際生産数量＝標準価格×標準数量×実際生産数量

　　　　＝標準価格×標準消費量　　　　　　　　　　　　　　　　　　　　　（4）

②　製品原価と期間原価

　原価は，財務会計に示される収益との対応関係に基づき，製品原価と期間原価に区別される。製品原価は，対象となる製品が販売された時点で初めて費用となる。他方，期間原価は，一定期間における発生額を当期の収益に直接対応させて把握した原価をいい，販売時ではなく発生した時点で当期の費用となる原価である。非製造原価は通常，期間原価である。

③　全部原価と部分原価

　原価は，原価計算対象に集計される原価の範囲によって，全部原価と部分原価（直接原価計算，素価計算）とに区別される。全部原価とは，全部の製造原価またはこれに販売費および一般管理費を加えて集計したものをいい，部分原価とは，そのうち一部分のみを集計したものをいう。

（2）　原価の一般公式

　貨幣的評価の公準にもとづき，すべての原価は次の一般公式に従い決定される。即ち，任意の原価要素 i の原価額 C_i は，その価格（貨幣価値への変換係数）を p_i とし，数量を q_i とすると，（5）式により計算される。

$$C_i = \sum_i p_i \, q_i \tag{5}$$

（3）　原価の構成

　原価は製造原価と非製造原価に区分される。それらの関係は次の**図表13－3**のように示すことができる。

　総原価は，製造原価と非製造原価の和である。非製造原価は，製造原価以外の原価であり，原価計算制度上その範囲は販売費および一般管理費に限定される。なお，原価計算制度上，製造原価および非製造原価に該当しないものは，原価性がない項目，すなわち非原価項目といわれ，支払利息・有価証券評価

図表13-3　原価計算制度上の総原価の分類図

			直接材料費	
総原価	製造原価	製造直接費	加工費	直接労務費
				直接経費
		製造間接費		間接材料費
				間接労務費
				間接経費
	非製造原価	販売費および一般管理費	販売費	
			一般管理費	

［出所］片岡洋一『原価計算セミナー』（2015）p.9

147

損・固定資産売却損・役員賞与等が該当する（基準5）。

（4）　製造原価の分類
基準8は「製造原価要素の分類基準」にて製造原価の分類をおおむね次のように示している。

① 形態別分類

　原価発生の形態による分類であり，原価要素はこの分類基準によって材料費，労務費および経費に属する各費目に分類される。材料費は製品を物理的に構成する物品（財貨）の消費により生じる原価であり，労務費は生産活動に投入された労働用役の消費によって生じる原価である。経費は材料費および労務費以外の製造原価要素からなる原価をいう。

② 機能別分類

　原価が経営上のいかなる機能・役割のために発生したかによる分類であり，この分類基準によれば，材料費は主要材料費・補助材料費等に，賃金は作業種類別直接賃金・間接作業賃金等に，経費は各部門の機能別経費に分類される。

③ 製品との関連における分類

　原価の発生が一定単位の製品の生成に関して直接的に認識されるかどうか（これを追跡可能性（Traceability）と呼ぶ）の性質上の区別により直接費と間接費とに分類する。

④ 操業度との関連における分類

　操業度の増減に対する原価発生の態様（変化の仕方）による分類であり，原価要素はこの分類基準によってこれを変動費と固定費に分類される。この操業度とは，一定期間における企業の活動量を示す尺度をいい，売上高・生産高・生産数量・販売数量・機械作業時間等で表されることが多い。変動費とは操業度の増減に応じて比例的に増減する原価要素をいい，固定費とは操業度の増減にかかわらず変化しない原価要素をいう。

⑤ 原価の管理可能性に基づく分類

　原価の発生が一定の管理者層によって管理し得るか否かの分類であり，原価要素は，管理可能費と管理不能費とに分類される。

3.3　原価計算のプロセス

　原価計算制度において，原価計算は以下の3段階を経て行われる（基準7）。

　第1段階は，費目別原価計算（要素別原価計算）で，一定期間における原価要素を費目別に分類測定する（基準9）。通常は，原価を形態別分類により材料費・労務費・経費に区分し，次にこれらを製品との関連における分類により，直接材料費・直接労務費・製造間接費に分類する。

　第2段階は，部門別原価計算で，第1段階で把握された原価要素を，原価部門別に分類集計する（基準15）。

　第3段階は，製品別原価計算で，原価要素を一定の製品単位に集計し，単位製品の製造原価を算定し（基準19），これは個別原価計算と総合原価計算に分類される（基準20）。個別原価計算は，特定の製造指図に従い行われる個別生産を対象として，製造指図書別に行われる製品原価計算であり，建設・印刷・航空機製造・家具・特殊機械等の特注品を製造する業種で用いられることが多い。他方，総合原価計算は，原価計算期間に工程で生産した単一ないし多品種の製品について製造原価を大きく区分し，区分した原価群ごとに，期首仕掛品原価と期中投入原価を完成品原価と期末仕掛品原価に配分する製品原価計算である。化学・石油・プラスティック・ゴム・製材・ガラス・鉱業・セメント・食肉加工・食品加工等の業種で用いられることが多い。

3.4　原価計算と工業簿記

　原価計算制度は簿記システムと有機的に結合している。その意味で，原価計算数値を組み込んだ工業簿記は完全工業簿記と呼ばれ，原価計算数値を組み込まない商的工業簿記（不完全工業簿記とも呼ばれる）と区別される。以下は前者について述べる。財務会計システムでは会計期間（通常は1年間）ごとに財務諸表を作成するが，原価計算が対象とする生産活動の期間（原価計算期間）は通常1カ月であり，よって工業簿記では1カ月ごとに月次決算を行う。当月または当期の製造活動を明らかにするために，製造原価明細書（製造原価報告書）を作成し，貸借対照表に記載する材料・仕掛品・製品・貯蔵品等の棚卸資産の価額と損益計算書に記載される当期製品製造原価と売上原価の価額を決定

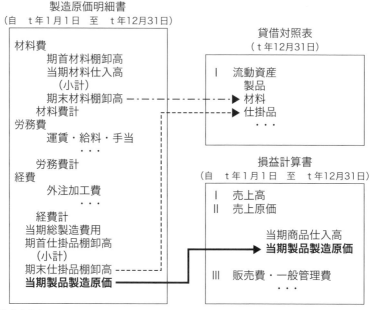

図表13-4 貸借対照表，損益計算書および製造原価明細書の関係

[出所] 筆者作成

する。これらの相互の関係を図示すると**図表13-4**のようになる。

なお，製造原価明細書記載内容は機密性が高いことから，これを開示しない企業も多い。

4 ミニケースに関して

一般に，企業がおかれる状況は，製品の供給能力と比べて十分な需要がなく，供給能力が余っている「手余り状態」と，製品に対する需要が供給能力を上まわっている「手不足状態」の2つに大別される。通常，手余り状態のときは，販売促進や供給能力の他への転用が合理的である。他方，手不足状態のときは，供給能力を増す方法が合理的であり本ケースはこれに該当する。この意味で人員増加，設備導入等供給能力を増す方法を採用したパティスリーの店長の意思決定・経営判断は正しかったと言えよう。

150

しかし，「売価が材料費の5倍」と大雑把に捉えていたように，店長には材料費以外の費用項目が総原価に含まれることについて十分な認識がなかった。このため製造を大幅に増やした際に，調理器具の追加調達，パティシエの増員，売り場スタッフの増員，配送（トラック，配送員）の費用等，材料費以外の製造原価・販売費・一般管理費等の増加を十分には見込んでいなかった。

さらに，焼き菓子の製造には，バターの泡立て不足により生地が膨らまない，オーブンでの生焼け・焼きムラ・焦げ等，製造過程での失敗分（仕損）や廃棄ロスの発生がつきものであり，これらを踏まえた上で総原価を予測して販売価格を設定すべきであったが，店長はそのような知識を持ち合わせていなかった。このため，今回の製造拡大の影響についてもこれらを事前に予測することができなかった。

利益は売上高から原価を控除したものであるため，利益を大きくするには，売上高を伸ばすことと，原価を削減することが考えられる。店長は売上高を伸ばすことはできたが，原価が増加したことに気が付かずに，利益が減少してしまったのである。今後の安定したパティスリーの経営には，正確な原価の把握に加えて，操業度の変化により費用や利益がどのように増減するかをみるCVP分析（Cost-Volume-Profit Analysis）も有用であろう。原価計算の知識がなければ安定した経営は成り立たないのである。

5　まとめ

原価計算は企業実務に携わる人すべてに必須の知識である。また，正しい意思決定を行うためには，原価計算で算出された値がどのような意味を持つのかを理解することが大切である。本章では，原価計算の基礎を説明し，さらに原価とは何かを身近な例も交えて解説した。

練習問題

1　原価計算についてのこれまでのあなたの認識と本章で原価計算について学んだこととの違いをまとめてください。

2　身近なモノを1つ選び，その原価がどのように構成されているか答えてください。例えば，たまごの原価であれば，①たまごを産む鶏の飼料・衛生管理費，②養鶏施設の減価償却費，保守・維持費，固定資産税，保険料，③たまごを入れるパック，ダンボール箱等の費用，④養鶏場で働く作業員の給料，⑤水道光熱費，⑥スーパーに配送する運賃（物流費）等である。

 参考文献

片岡洋一編（2015）『原価計算セミナー』中央経済社
株式会社AB&Company（2022）『有価証券報告書』第4期
企業会計審議会（1962）「原価計算基準」
清水孝・長谷川恵一・奥村雅史（2004）『入門原価計算（第2版）』中央経済社
第一屋製パン株式会社（2022）『有価証券報告書』第80期
Horngren, C. T., Sundem, G.L., Burgstahler, D. and Schatzberg, J.（2022）*Introduction to Management Accounting*, Global Edition, Pearson Education Limited.

Part 4

経済学

マクロ経済学入門

> **ミニケース**　A子は，以前よりの夢だったジュエリーショップを東京郊外の駅のそばに開店した。ところが運悪く，新型コロナウイルスが日本でも蔓延し，対人接触型の商売，居酒屋や喫茶店等は軒並みお客さんが入っていない。今のところ，自分の店は少しお客さんが減った程度だし，WEBでの購入は以前よりも増えている。ただ，少し先には経済全体の景気が悪くなって，自分の仕事にも影響が及んでくるのだろうか。そうなら，数カ月かかる原石の購入と加工の作業を少しストップしないといけない。どう考えたらよいのだろうか。

この章で学ぶこと
- マクロ経済学とはどのような学問か，その特徴を理解しよう。
- マクロ経済学で扱われる典型的な概念，GDPやインフレ率について理解し，その最近の動きに触れてみよう。
- GDPの決定プロセスに関する理論である乗数理論に触れてみよう。

🔑 KEYWORD

GDP　インフレーション　景気変動と季節変動　乗数

1　マクロ経済学とは：天気予報との異同

　経済学の中のマクロ経済学という分野は，料理のレシピや帳簿の付け方のような個人や企業が行動するためのスキルを身に付けるための学問ではない。むしろ，行動するための経済環境がどのようなものであるかを理解するための学問である。それを理解することによって，人や企業の行動はスキルの次元とはまた違った意味で，より効果的・効率的なものとなる。

比喩で説明しよう。レジャーで山登りに行く学生たちがいる。高い山に登るので，彼女たちは，数カ月前から基礎体力を鍛え，テントの張り方や，飯盒炊さんの仕方などを身に付けようとするだろう。これらは，山登りに直接役に立つスキルである（ビジネスであれば，法律，会計，統計などがこれにあたる）。

　山登りが楽しく，成功裏に終わるにはもう１つ大事なことがある。山登りの日に運悪く土砂降りの冷たい雨が降っていれば，頂上まで登れないか，少なくとも楽しいイベントにはならないだろう。そうならないためには，前もって当日の天気を予報等で確かめておくことが必要だ。行動するための環境チェックである。

　ビジネスでも同じである。どんなに良い新製品を考えついても，経済が不況なら売れ行きは鈍いだろう。冒頭のＡ子のジュエリーも同じである。新製品売り出しのコストのために会社は倒産してしまうかもしれない。逆に，経済が好況に向かっているなら，大量に作って大きく儲けるべきである。経営やマーケティングを勉強しても，経済全体を見る判断能力は身につかない。今が，好況か不況か，１，２年後はどうか，何がそれを決めるか，こうしたことを考える能力を育成するのがマクロ経済学である。

　比喩で話を進めすぎるのは危険だが，天気予報との比較をもう少し進めてみよう。天気予報について多くの人が興味を持つのは，自分の住んでいる地域，あるいは旅行に行く先の天気だろう。これに対して，マクロ経済学の対象は，天気でいえば，日本全体の平均的なそれである。遠い地域であっても，現代では簡単に物やサービスをやりとりできるので，日本全体（飛躍すれば世界全体の）経済情勢が，自分の生活に大きな影響を与える。

　天気予報との大きな違いをさらに２つ付け加えよう。１つは，天気は（温暖化現象のようなものを除けば）自然が決めるものであって，人間が左右できる余地はほとんどない。これに対して，経済全体の動きは１人１人の人間の行動が作るものだ。１人で全体を左右することはできないが，全体は個人の行動の和で決まる。また，全体の動きが個人の行動に影響するので，経済全体の動きのメカニズムはかなり複雑となる。その分，知的には興味深い。

　もう１つの天気とマクロの違いは循環のパターンにある。日本であれば，必ず四季というものが毎年繰り返される。春夏秋冬のそれぞれはおおむね３カ月

続く。この点も大体毎年同じである。これに対して，経済の四季にあたるのが，好況，不況，その間のどちらでもない状態というサイクルである。好況が続くとどこかで頭打ちとなり，徐々に，あるいは急に不況に転じる。しかし，それも永久には続かず，景気回復の兆しが出てきて好況に転じる。このパターンは，四季の移ろいと似ているが，決定的な違いは好況や不況の長さ，強さの度合いは毎回違うし，前もってわからないという点である。

2 GDPとインフレ率の動き

　実は経済にも四季の移ろいに近い変動がある。毎年，年末から年初にかけては，人々が財布のひもを緩め，物やサービスがたくさん売れる。夏の行楽シーズンにも似たような現象が観察される。このような毎年ほぼ決まって繰り返される経済変動は季節変動と呼ばれる。しかし，これの原因はよくわかっているので，通常はマクロ経済学の本格的な分析対象とはならない。むしろ，季節変動を均した後の経済の動きを説明したり，予測したりするのがマクロ経済学である。

　この点を確認したのが**図表14－1，2**である。**図表14－1**では，日本経済で3カ月ごとに作られたものの総個数（実質GDPという）を点線で示している。毎年，年末年始に高くなり，初夏にかけて低下するパターンが確認できる。これが季節変動である。これをある方法で均したのが，実線である。

　次に図表14－2では，この実線のより長期的な動きを示している。おおむね時間とともに上昇しているが，1990年代後半，2008－09年，2020年には一時的に低下している。これが不況である。不況の間には実質GDPの上昇の時期が存在して，好況となっている。こうした，好況―不況の波がなぜ発生するのか，1つ1つの不況は同じ理由で起こるのか，それぞれ違う原因によるのか，これらがマクロ経済学のテーマである。数年後には，就活を控えている若い学生にとっては，その時経済が好況か不況かは極めて重大な分かれ道である。もちろん，A子のジュエリーショップの売り上げにも重大な影響を及ぼす。

　話が前後したが，天気予報でも気温・風速・降雨量のように定量的に状況を把握することが大切であると同様に，マクロ経済学でも一国の経済の状況を定

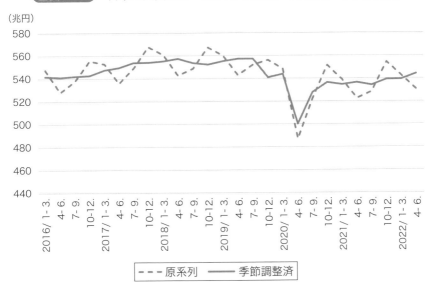

図表14-1 日本の実質GDP（2015年価格，10億円）の季節変動

（兆円）

- - - 原系列 ―― 季節調整済

図表14-2 日本の実質GDPの30年間の動き

量的に把握しようと試みる。日本のように規模の大きな経済では，ありとあらゆる種類の物やサービスが日々生産，提供されている。これらをまとめて，量の次元でどれくらいある期間に供給されたかを示すのが実質GDPである。といっても，パソコンの台数と航空券の販売枚数をただ足せばいいのかという問題がある。ここでは，その問題には深入りせずに，実質GDPは，日本経済があたかもパソコンのみを生産しているとして，何台出来たかを表す指標だと考えよう。通常，何台という示し方をせずに，年を固定して，2020年のパソコンの値段で2022年のパソコンの生産台数を評価したらいくらになるかとして実質GDPを計算する。例えば，現在の日本の実質GDPは2015年価格で評価して約550兆円である。

実質GDPの重要性は，パソコンが何台作られたかにとどまらない。人間が適当な人数働いてはじめて物・サービスが提供される。つまり，実質GDPが高くて景気が良いときには，雇用がたくさん生まれるし，逆は逆で，GDPの大きさは雇用水準，ひいては人々の所得水準に決定的な影響を与える。

マクロ経済学で，もう1つ大事な経済の定量的な指標は物価の水準である。単純に言えば，パソコン1台の価格である。買う人にとっては，同じ質の物であれば，パソコンの値段は安いほうが望ましいし，売るほうにとっては逆である。価格が継続的に上昇している状態をインフレーションという。また，上昇の率をインフレ率という。

パソコンの総販売額を名目GDPと呼ぶ。これを販売台数（実質GDP）で割ったものが販売価格だが，マクロではGDPデフレータという。現実には，多くの種類の物やサービスがあることによって，経済における平均的なものの値段の測り方は複数存在する。GDPデフレータもその1つだし，消費者物価指数という測り方もある。後者は，典型的な消費者がいろいろな物やサービスを購入して一定の満足を得るのに払わなくてはならない金額を指数化して示している。さきほどインフレーションという言葉を使ったが，厳密にはパソコンの値段だけが上がっているときには，日本経済がインフレの状態にあるとは言わない。GDPデフレータや消費者物価指数のように平均的な物の値段を示す指標が継続的に上がっている状態がインフレーションである。

図表14－3は，消費者物価指数の上昇率を過去50年ほどについて描いてみ

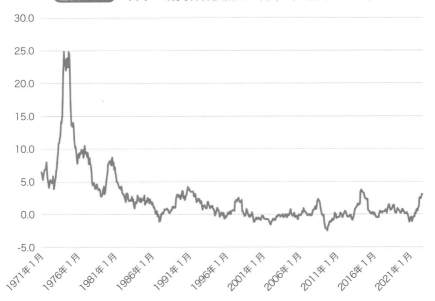

図表14-3　日本の消費者物価指数上昇率（対前年同月比）

たものである。1970年代前半から半ばにかけて20％を超えるような高率のイン
フレがあったこと，その後1980年代半ば以降は5％を超えた年はないこと，さ
らに1990年代後半以降しばしばマイナスのインフレ率（この状態をデフレー
ション，ないしデフレという）が見られたことなどがわかる。最近では久しぶ
りに3％前後のインフレ率となっており，今後の動向が注目されている。

　もう少し話を進めれば，2020年春のコロナ蔓延は世界各国に不況をもたらし
たが，その後米国を中心に経済は急回復した。日本でも，**図表14-1や2**で
みたように2020年に実質GDPが落ち込み，その後急速に上昇している。この
景気回復に伴って，米国や欧州では10％前後にまでインフレ率が高まる局面が
見られた。このような高率のインフレは望ましくないということで，各国でそ
れを抑える政策（本稿では説明しないが，経済におけるお金の蛇口を締める金
融引き締め政策）が採用されている。これがどのくらい早くインフレを抑え込
めるかが現在の経済政策担当者の最大関心事となっており，本書が出版される
頃にどうなっているかは興味深い。

付随して，日本のインフレ率は3〜4％に上昇したが，外国に比べて低く，金融引き締め政策は採用されていない。外国では引き締め政策で金利が上がり，日本では金利はゼロのままなので，お金は外国に流出し，2022年には円安が進行した。この動きが今後どうなるかも注目の的である。

3 マクロ経済学的推論の例—乗数過程

マクロ経済学は，上述のような景気やインフレの動きを説明する，予測するために様々な理論を用いる。ここではその1つを例として簡単に説明してみよう。

2020年春のコロナの急速な蔓延時のことを思い出してみよう。それまで遭遇したことがないようなウイルスの広まりで人々は自発的に外出を抑制した。加えて，政府も飲食店の営業時間短縮等の様々な規制措置を発表した。これにより，飲食店，デパート，娯楽施設等では客足が一気に遠のき，売り上げは大きく減少した。

例えば，日本人が1人当たりひと月にこのような人と接触する場所での支出を3万円減らしたと仮定しよう。すると，全体で約3兆円の（3万円×1億人）の売り上げ減少となる。物価のことはしばらく忘れて名目・実質を区別せずにGDPと呼ぶと，大まかには，GDPが3兆円減るという大変なことになる。

しかし，マクロ経済理論の教えるところでは，悪いことはここでは終わらないのである。売り上げが大幅減少した飲食店では，アルバイトの人数を削減する。あるいは，一部の飲食店は営業をやめてしまう。結果として，飲食店の店員，経営者の所得が大きく減少する。売り上げはもともと誰かの所得になっていたはずだから，それが3兆円減ったということは，関係者の所得が同じ額くらい減ったということを意味する。

所得が減った人たちはどうするだろうか。その分支出を減らすだろう。ただ，所得の減少と同額減らすわけではないかもしれない。10万円所得が増えたら，例えば9万円支出を増やし，1万円は貯金しておくといった行動が一般的だろう。このような人は，逆に10万円所得が減れば，支出を9万円だけ切り詰める，つまり，1万円は貯金を取り崩すと考えられる。

以上のような理由で，経済全体で３兆円の所得減少がコロナの直接の影響として最初に発生したとすると，次に人々の支出は2.7兆円（＝３兆円×0.9）減ると考えられる。もちろん，数値はあくまで例示のための仮のものである。この2.7兆円の支出減は人と接触する買い物に限らず，広い範囲の支出に及ぶだろう。A子のジュエリー売り上げにも影響するかもしれない。

すると，この2.7兆円の物やサービスを供給していた企業の売り上げがその額だけ減少する。これは，またそうした企業で働いていた人たちや経営者の所得の2.7兆円の減少につながる。すると，またこの人たちが同じ行動をすれば，2.43兆円（＝2.7兆円×0.9）の新たな支出減少が発生する。

このように，最初の支出減少が関連産業従事者の所得減少，その人たちの支出減少というメカニズムを通じて，経済全体に広がって大きな影響を及ぼすのである。これは一例であるが，人々や企業の行動がお互いに影響しあって，経済全体の動きを作り出していくという点の分析がマクロ経済学の大きなテーマである。

それでは最終的にGDPはどれくらい減るのだろうか。先の議論をもう一度たどってみると，

3+0.9*3+0.9*0.9*3+…

という和を計算すればよいことがわかる。これは高校で学習した無限等比級数の計算であり，答えは，

3/（1−0.9）＝30

となる。つまり，コロナ発生による最初の３兆円の支出減少は，最終的にはその10倍の30兆円ものGDPの減少を引き起こすのである。もちろん，最初の支出減の10倍という値は，いくつかの強い仮定をおいた結果であり，現実に近い値を推計するにはより精緻な分析が必要になる。それでも，**図表14−1**や**図表14−2**で2020年に大幅なGDPの減少が発生している一因が理解できたのではないだろうか。

4　経済政策の役割

2020年には前節で説明したようなメカニズムで大きなGDPの下落（不況）

が発生した。**図表14-1**や**図表14-2**でも数十兆円のGDPの下落を確認することができる。ただ，それは4月から6月の間に限られていて，その後はかなり早くGDPの水準が回復していった様子も見て取れる。

このようなGDPの不況からの回復に大きな役割を果たしたのが，経済政策である。特に，政府は，国民1人1人に10万円の「給付金」を配り，コロナによる支出減少が人々の所得減少に波及する程度をやわらげた。また，売り上げが減少した企業が従業員を解雇しないよう補助金（雇用調整助成金）を配った。これらは経済における所得や支出を支える目的で実施された財政政策である。

加えて，やはりコロナで経営難となった企業の資金繰りを支えるための融資を，日本の中央銀行である日本銀行，いくつかの政府系金融機関等が直接，間接に実施している。

これらを総称してマクロ経済政策という。上で説明したのは経済が不況から早めに回復するように，あるいはより広くは，深刻な不況に陥らないようにマクロ経済政策が実行された例である。どのようなタイミングで，具体的にどのようなマクロ経済政策を用いるべきかには，マクロ経済学の知見が大きく役に立っている。

それでもマクロ経済政策を適切に実行するのは難しい。2020年以降の米国のケースが良い例である。米国でも日本と同じように，コロナによる不況から経済を回復させるために，強力なマクロ経済政策が実行された。しかし，これが強力すぎたために，（第2節でも少し説明したが）2021年春以降物価が急上昇し（財・サービスに対する需要が供給を上回ってしまった），10％近いインフレーションが発生することとなったのである。今度は，これを是正するために米国の中央銀行が経済におけるお金の蛇口を締める金融引き締め政策を実行中である。

このように，日本を含む世界経済の重要な動きを理解，予測するためにマクロ経済学は不可欠な道具となっている。

📖✏️ 練習問題

1 GDPの季節変動と景気変動の最も大事な相違点を1つだけ挙げてください。
2 本文第3節の例で，コロナによる所得減少の影響を打ち消すために，政府が全体で3兆円の給付金を国民に配ったらGDPはもとに戻るか，考えてください。

📖 参考文献

グレゴリー・マンキュー著　足立英之ほか訳（2019）『マンキュー経済学II　マクロ編（第4版）』東洋経済新報社

ポール・クルーグマン，ロビン・ウェルズ著　大山道広ほか訳（2019）『クルーグマン　マクロ経済学（第2版）』東洋経済新報社

日本経済とマクロ経済学

> **ミニケース** この春大学生となったA子さんは，経済の動きに関心を持とう
> と新聞やテレビのニュースを毎日チェックするようになった。そこでは，日々
> の株価や為替レートの値，新たな経済政策についての報道がされている。A子
> さんは友達のB子さんに「景気対策の報道はいつもされているけど，本当に効
> 果はあるのかな？」と質問してみた。B子さんは「景気対策はその効果も重要
> だけど，その財源は借金（＝国債）だから少子高齢化が進行する日本では今後
> 大きな問題になると思うよ」と答えました。
> 　経済政策の効果や国債の累積残高の増大，少子高齢化の進展といった日本経
> 済の様々な問題についてどのように考えればよいでしょうか。

この章で学ぶこと
- 日本のマクロ経済動向について理解する。
- 日本の財政・金融環境について理解する。

🔑 KEYWORD

GDP　経済成長率　歳入と歳出　国民負担率　資金過不足　為替レート

1　現代の日本経済とマクロの視点

　日本の経済状況をマクロの視点で概観してみよう。ここでは，経済成長率や
インフレ率を用いて，現代日本のマクロ経済状況を眺めることにする。**図表
15－1**は近年の日本の経済成長率（実質経済成長率）と名目経済成長率およ
びインフレ率（GDPデフレータ変化率）を図示したものである。経済成長率
とは実質GDP（国内総生産）の変化率のことであり，GDPとはある国内にお

Part4

経済学

図表15-1 経済成長率とインフレ率

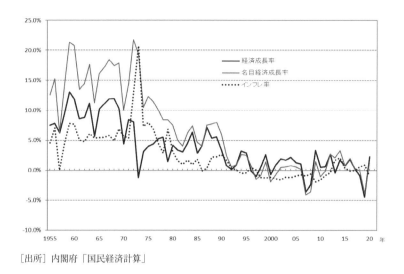

[出所] 内閣府「国民経済計算」

いて一定期間内に生産されたすべての財・サービスの付加価値の総額と定義さ
れ，経済活動の大きさや豊かさを表す尺度として代表的である。

　実質GDPは毎年推計されたGDPである名目GDPから物価変動を除去した
GDPであるため，その変化率である経済成長率の推移は物価上昇の影響は考
慮してあり，長期時系列の動向を観察する際には有益である。インフレ率とは
物価上昇率とも呼ばれ，消費者物価指数をはじめ様々な指標が存在するが，こ
こではGDPデフレータの変化率を用いた。デフレータとは，ある年を基準と
して作成される物価指数であり，GDPデフレータは名目GDPを実質GDPで除
したものである。

　図表15-1の3つの折れ線グラフの関係は，名目経済成長率が経済成長率
よりも高く推移している時のインフレ率はプラスであり，経済成長率のグラフ
が名目経済成長率よりも高い時のインフレ率はマイナス，すなわちデフレ（デ
フレーション）である。

　経済成長率は，1950年代から60年代にかけての高度成長期には10％前後の高
い成長率を記録していた。しかし，1970年代の2度の石油ショックの影響もあ

第15章　日本経済とマクロ経済学

165

り，経済成長率は3～5％程度と高度成長期の半分以下に落ち込んだ。その後1990年代のバブル経済崩壊以降，経済成長率は一段と低下し，2000年代後半のリーマンショックや2020年のコロナショックの際にはマイナス成長と大きく落ち込んでいる。

インフレ率は，1950年代後半以降一貫してプラス（物価上昇）圏にあり，1970年代前半には上述した石油ショックの影響により，20％を超えている。しかし，1980年代に入るとインフレ率は低下し，1990年代後半以降はマイナス（＝デフレ）も記録している。このように近年の日本経済は，経済成長率やインフレ率がともに低い経済状況であることが確認できる。

2　政府の経済活動と財政の現状

経済学における代表的な登場人物は，家計・企業・政府・海外の4つの経済主体である。家計や企業から租税を徴収し行政サービスを実施する政府は経済活動の中でどのような役割を果たしているのだろうか。経済学では政府の役割や機能として以下の3つを考えている。

まずは資源配分の機能である。これは，道路や公園等の社会資本（インフラ）整備や，警察・消防・防災・通信など公共財と呼ばれるもので，特定の人をその財・サービスの消費から排除することができない（排除不可能性）ことや，ある人がサービスを消費しても，それによってほかの人が消費できなくなることはない（非競合性）という特性をもっている。次に，所得再分配の役割である。この役割は，経済学では自由な経済活動によって市場メカニズムによる最適な分配が行われると想定される（効率性）が，結果として不平等（貧富の格差など）が存在する場合，これを是正するため（公平性），政府による社会保障政策や福祉政策が実施されている。最後に，経済安定化の役割である。一国全体の経済状況が悪化した場合には，雇用を中心として国民生活に悪影響がでる可能性がある。このため，景気対策や失業対策としてのマクロ経済政策が実施される。

では，具体的にどのような項目に対して財政支出がなされているかを数値に基づき確認してみよう。

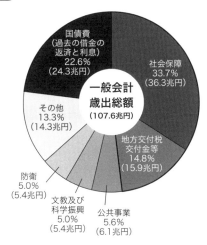

図表15-2 一般会計（予算）歳出の内訳（2022年度）

国債費
（過去の借金の
返済と利息）
22.6%
（24.3兆円）

社会保障
33.7%
（36.3兆円）

一般会計
歳出総額
（107.6兆円）

その他
13.3%
（14.3兆円）

地方交付税
交付金等
14.8%
（15.9兆円）

防衛
5.0%
（5.4兆円）

文教及び
科学振興
5.0%
（5.4兆円）

公共事業
5.6%
（6.1兆円）

[出所] 財務省（https://www.mof.go.jp/zaisei/current-situation/index.html, 2022年9月30日閲覧）

　図表15-2は2022年度（令和4年度）の一般会計（予算）歳出の内訳である。日本の予算規模は100兆円を超えており，歳出の中で最も大きな割合は社会保障に関する支出で，歳出総額の3分の1を占めている。この項目は，先に述べた所得の再分配と大きく関わりがあり，医療・年金・介護や子育てといった国民の健康や生活を守るために支出されている。高齢化が進展している近年の日本では，ほかの項目に比べて大きくその割合が伸びており，今後も一層の増加が予想される。次に大きな支出は国債費であり，全体の約4分の1の割合である。これは過去に発行した国債の元本返済（国債の償還）だけでなく，その利子の支払いを含めた合計である。地方交付税交付金等とは，地方公共団体に一定のサービス水準が維持されるよう配分されており，その割合は過去50年間2割弱とほぼ一定である。上記の3つで歳出総額の約7割を占めている。財政再建や無駄遣い削減の議論でよく話題になる公共事業費は5.6％程度であり，教育や科学技術の発展のために用いられる文教及び科学振興費は5.0％，防衛費も5.0％といった割合である。

　それでは，こうした財政支出に必要な資金をどのような手段によって賄っているだろうか。

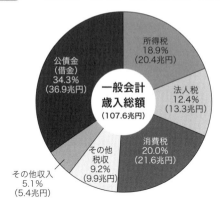

図表15-3 一般会計（予算）歳入の内訳（2022年度）

所得税
18.9%
(20.4兆円)

公債金
（借金）
34.3%
(36.9兆円)

一般会計
歳入総額
(107.6兆円)

法人税
12.4%
(13.3兆円)

その他
税収
9.2%
(9.9兆円)

消費税
20.0%
(21.6兆円)

その他収入
5.1%
(5.4兆円)

［出所］財務省（https://www.mof.go.jp/zaisei/current-situation/situation-debt.html，2022年9月30日閲覧）

　図表15-3は2022年度（令和4年度）の一般会計（予算）歳入の内訳である。一般会計歳入の総額は先の**図表15-2**と同額の107.6兆円である。図表によると一般会計歳入の大部分は所得税や消費税といった租税による収入と公債金で占められている。租税とは，原則として使途を制限しない国税であり一般会計の最も基本となる収入であるが，現在ではおよそ半分強の割合であり，残りの半分近くは公債金すなわち国債の発行による新たな借金に依存している。租税の内訳としては消費税（20.0%）の割合が最も高く，以下所得税（18.9%），法人税（12.4%）の順であり，この3つの税で約50%を占めている。

3　国債の累積債務と国民負担率

　このように一般会計歳入に占める公債金（借金）の割合は3分の1を超える水準であり，少子高齢化が進行し人口減少社会となった日本では財政の持続可能性が危惧されている。そこでこの節では，過去50年あまりの長期的な財政状況の推移を公債の発行状況を中心に概観してみたい。**図表15-4**は1975年以降の一般会計における歳出総額・税収と国債発行額の動向である。
　図表15-4の2本の折れ線グラフのうち，上の折れ線グラフは一般会計歳

Part4

経済学

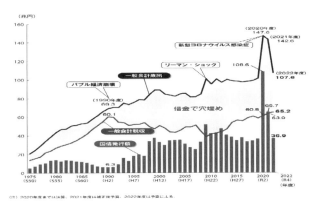

図表15-4 一般会計の歳出・税収と国債発行額

[出所] 財務省（https://www.mof.go.jp/zaisei/current-situation/situation-dependent.html，2022年9月30日閲覧）

出の推移である。過去50年あまりにわたって増加傾向を示しており，リーマンショック以降の2010年頃からは100兆円前後の規模で推移している。下の折れ線グラフは一般会計歳入における税収の動向である。1990年頃までは一般会計歳出と同様の動きをしていたが，バブル経済崩壊の1990年以降低下および横ばいで推移しており，増加傾向を示す歳出総額とのギャップが大きくなっている。この歳出と税収の2本の折れ線グラフの形状は「ワニの口」のように開いており，図の棒グラフで示される国債を発行することにより賄われている。

　先に述べたように，現在の日本では社会保障に関する歳出が最も大きく，少子高齢化がより一層進行する今後の日本においては，政府による財政支出はより大きくなることが予想されている。では，一般の国民はどれほどの負担をしているのであろうか。この問題を表す指標として国民負担率という考え方がある。国民負担率とは，家計や企業の所得である国民所得に対して，所得税や消費税，法人税等の税金（租税負担率）と年金や健康保険などの社会保険料（社会保障負担率）の合計額が占める割合であり，国民の所得のうち，どのくらいを税や社会保険に使っているのかを計算したものである。国民は税の負担に限らず社会保険料も負担しているため，租税負担率以上にこうした国民負担率の概念が重要である。

図表15-5 国民負担率（対国民所得比）の推移

(%)

年度	国民負担率	租税負担率	社会保障負担率
1970	24.3	18.9	5.4
1975	25.7	18.3	7.5
1980	30.5	21.7	8.8
1985	33.9	24.0	10.0
1990	38.4	27.7	10.6
1995	35.7	23.3	12.4
2000	35.6	22.6	13.0
2005	36.2	22.4	13.8
2010	37.2	21.4	15.8
2015	42.3	25.2	17.1
2020	47.9	28.2	19.7

［注］対国民所得比の数値である。
［出所］財務省（https://www.mof.go.jp/policy/budget/topics/futanritsu/sy202202a.pdf, 2022年9月30日閲覧）

Part4

経済学

　図表15-5は1970年度以降の日本の国民負担率および租税負担率（税金）と社会保障負担率（社会保険料）それぞれを5年ごとに表している。表によると2020年度の国民負担率は47.9％であり，1970年度の24.3％と比較すると，過去50年で国民負担率は約2倍に増加していることから，税と社会保険料の国民負担が大きくなっており，特に，租税負担率の伸びよりも社会保障負担率が大きく増加していることが特徴として挙げられる。

　図表15-6は日本に加え，OECD加盟国より代表的な5カ国の国民負担率を表している。近年の日本の国民負担率は大きく増加しているが，この図表によるとアメリカ以外の欧州各国と比較する限り相対的に低い水準にあるといえる。北欧諸国は福祉国家とも呼ばれ国民負担率は比較的高いといわれるが，北欧諸国をはじめ欧州諸国は総じて高い値となっている。

図表15-6 国民負担率の国際比較

(%)

フランス	67.1
スウェーデン	56.4
ドイツ	54.9
イギリス	46.5
日本	44.4
アメリカ	32.4

[注] 対国民所得比であり，日本のみ2019年度，諸外国は2019年実績である。
[出所] 財務省（https://www.mof.go.jp/policy/budget/topics/futanritsu/sy202202b.pdf，2022年9月30日閲覧）

4　金融経済のマクロ的視点

　次に，金融の側面から日本経済を概観してみよう。金融とは経済社会において文字通り資金を融通することである。財やサービスの取引に売り手と買い手があるように，資金の取引すなわち金融取引にも，資金が余っている資金余剰主体と，資金が不足している資金不足主体があり，資金余剰主体から資金不足主体へ資金が融通される。資金余剰主体は「貸し手」，資金不足主体は「借り手」と呼ばれ，貸し手と借り手を結びつけるのが金融の主たる役割である。

　それでは，どのような経済主体が資金余剰や資金不足となっているのだろうか。資金の余剰や不足主体は時代とともに変化している。そこで家計・企業（民間非金融法人企業）・政府（中央＋地方）・海外，といった各経済主体の資金余剰・資金不足を対名目GDP比で示したものが**図表15－7**である。

　この図では，値がプラス（0以上）であればその経済主体が資金余剰であることを，そして逆にマイナス（0以下）であれば資金不足であることを示しており，各年度の4つの経済主体の値を合計すると0になるように構成されている。図をみれば，まず家計部門が一貫して大幅な資金余剰（＝貯蓄超過）であることがわかる。1960年代の高度成長期から1980年代には，家計所得の上昇に伴い貯蓄率も高まっていたため資金余剰の程度は非常に大きな割合であった。しかし1990年代以降は，長期にわたる不況や高齢社会の到来などの影響もあり

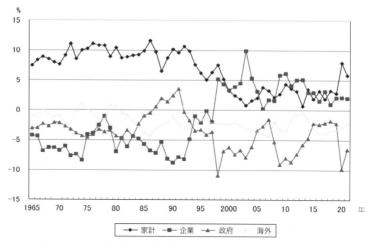

図表15-7 経済主体別資金過不足の推移（対名目GDP比）

[出所] 日本銀行「資金循環統計」，内閣府「国民経済計算年報」

貯蓄率は低落傾向にある。このため資金余剰額の対GDP比は趨勢的には低下傾向にあり，2000年代に入り，おおむねプラス３％程度の水準で安定的に推移している。

　最大の資金不足（＝投資超過）主体は時期によって入れ替わっている。まず高度成長期は企業部門が最大の資金不足主体であった。この時期，企業は生産設備の拡張に追われ，慢性的な資金不足の状態にあった。そこで，金融機関は家計から貯蓄資金を集め，旺盛な資金需要を示す企業に融通した。このような資金の流れのうえに，民間投資主導型の高度経済成長が実現した。

　しかし，1973年の第１次石油ショックを契機とした不況に対処するために，政府は景気刺激型の経済政策を展開し財政支出を増加させた。それにもかかわらず税収入は減少し，その穴埋めとして大量の国債が発行された。他方企業の側では，不況乗り切り策として減量経営を行い，過去に借りた高金利の借入金を返済したり，設備投資を抑制したりした。このような環境下で企業の資金需要は収縮し，1970年代後半には政府部門が最大の資金不足主体となった。そして1980年代半ば以降，景気回復の動きに歩調を合わせ，資金の循環構造にも変化がみられた。この時期の最大の資金不足主体は企業であり，企業は積極的に

投資を拡大することによって，資金需要は大いに高まった。バブル経済ともいわれたこの時期の積極的な投資は，こうした好景気が今後も続くとの想定に基づくものであった。1990年代初頭以降のバブル経済が崩壊してからの時期は，バブル期の投資が生産能力の増加となって表れたために，企業は供給能力の過剰に悩み，急速に資金不足の割合を縮小させており，1998年以降はそれ以前の時代とは一転し，今日に至るまで資金余剰主体となっている。

政府部門は，1980年代半ば以降資金不足幅を縮小し，1987年から1991年のバブル経済期には資金余剰の状態であった。これは，この時期が好況であったため税収も自然増収という形で増えたからである。その結果，単年度では赤字国債の発行に頼らなくてもよいという意味で，一応の財政再建が達成された。しかし，バブル経済の崩壊と供給過剰による不況の発生でその後の税収不足は深刻な状況となり，政府部門は1990年代半ば以降，最大の資金不足主体となっている。なお海外部門は，日本の経常収支黒字に対応し，ほぼ一貫して資金不足主体である。

このように日本経済の特徴を理解するときには，金融やファイナンスといった側面からの視点も大変重要である。

5　為替レート

最後に国際経済や海外部門との貿易サービス活動にとって重要な為替レートについて言及する。為替レートとは，日本円や米国ドルといった異なる通貨の交換比率のことであり，外国為替（外為）市場と呼ばれる市場でその比率が決定される。現代の経済活動は，国内で支出する財やサービスを国内生産のみで賄っているのではなく，輸入や輸出といった海外との貿易取引を行うことにより運営されている。しかし，世界各国の通貨は円やドル，ユーロといった異なる単位であるため，その交換比率を外国為替市場での取引を通じて日々決定している。

日本にとって代表的な為替レートは，1ドル＝100円といった形式で表示されるドル・円レートである。そして，例えば1ドル＝100円が1ドル＝80円に変化したならば円の通貨価値が高まった（＝増価）と解釈されるため円高ドル

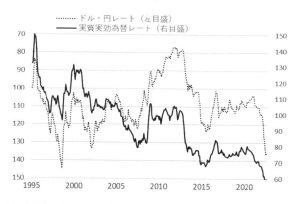

図表15-8 　２つの為替レートの推移

[注] ドル円レートは東京市場ドル・円スポット中心相場月中平均（左目盛）であり，実質実効為替レートは2010年＝100（右目盛）である。

[出所] 日本銀行「時系列統計データ検索サイト」（https://www.stat-search.boj.or.jp/index.html ，2022年９月30日閲覧）

安と呼ばれ，反対に１ドル＝120円になれば，円の価値が低下する（＝減価）ことから円安ドル高といわれている。

　図表15－８は1995年から2022年８月までのドル・円レートと実質実効為替レートの推移（月次データ）である。

　この図では，折れ線グラフが上へ向かうと円高，下へ向かうと円安を意味している。直近の20数年間のドル・円レートのデータによると，１ドル＝70円台の円高水準から１ドル＝140円台の円安水準まで大きく変動しながら推移している。

　しかしドル・円レートは２つの通貨の相対的な値を表しているだけで，その値から円高ドル安と解釈しても，円の価値が高くなった「円高」なのか，円の価値は不変でドルの価値が低下した「ドル安」の結果の「円高」なのかはわからない。そこで，特定の２通貨間の為替レートをみるだけではわからない，通貨の実力を総合的に測る為替レートとして実効為替レートと呼ばれる指標が作成されている。実効為替レートは，日本円とほかの複数の通貨をそれぞれの貿易取引額によってウエイト化し作成した為替の指数であり，物価の変動を考慮しない名目実効為替レートと，物価の変動を考慮した実質実効為替レートがあ

る。いずれも数値が大きくなると日本円の増価（＝円高）を表しており，先に述べたドル円レートとは数値の意味が反対になっている。

　図の実質実効為替レートの推移をみてもおおむね同様の動きを示しているが，異なった動きをしている時代も存在している。

　2020年代以降のように為替レートが円安に変動すると，輸入する商品の価格が上昇するため，そうした商品を扱う企業や，購入する家計（消費者）にとっては，不利益を被る。また，海外旅行を行う日本人にとってもマイナスの影響がある。しかし，輸出を行う企業や訪日外国人（インバウンド需要）にとっては大きなプラスの効果になる。

　こうした為替レートはどのような要因によって決定するだろうか。基本的には外国為替市場もほかの市場と同様に需要と供給によって価格，すなわち為替レートが決定する。

　為替レートの決定に与える要因としては，短期的には「金利平価説」または「アセット・アプローチ」と呼ばれる考え方があり，二国間の金利差（＝金融資産の利回りの差）によって決定されると考える。例えば，日本の金利が1％で米国の金利が5％とすると，金利の高い米国に資金が流入する，すなわちドルの需要が高まるため，日本円の価値は低下（＝減価）することから為替レートは円安に変動する。また為替レートは，長期的には二国間の物価上昇率（インフレ率）の差によって決まるとする「購買力平価説」と呼ばれる考え方もある。この考え方によれば，インフレ率の高い国は貨幣の価値が低いため，その国の通貨価値も低い（＝減価）ということであり，例えば日本のインフレ率が米国のインフレ率よりも高ければ，円安方向に変動することになる。

6　まとめ

　本章で言及したトピックスは，日本経済やマクロ経済学を学ぶ上でのイントロダクションであり，大学での学習ではこのような理論的な内容の理解に努めることが重要である。しかし日々の経済動向にも関心を持ち，客観的なデータの分析を通じてそうした経済理論の検証を行うことも同様に大切である。経済現象を分析・理解するためには，理論と実証の両面からの考察がより一層重要

であることにも言及しておきたい。

練習問題

1　一般会計の歳出が増加するにもかかわらず税収が増加しない現状を，あなたはどのように考えますか。また，その差である国債の発行額の増加についてもどのように考えますか。
2　国民負担率の上昇についてあなたはどのように考えますか。
3　少子高齢化が進行する日本において，今後増大することが想定される社会保障費への支出はどのようにして賄うことが望ましいと考えますか。

参考文献

財務省（2022）「これからの日本のために財政を考える」（https://www.mof.go.jp/policy/budget/fiscal_condition/related_data/202204_kanryaku.pdf，2022年9月30日閲覧）
Krugman, P. and Wells, R.（2013）*Economics,* Third Edition, Worth Publishers（大山道広ほか訳（2019）『クルーグマン　マクロ経済学（第2版）』東洋経済新報社
Mankiw, N. G.（2018）*Principles of Economics,* Eighth Edition, Cengage Learning（足立英之ほか訳（2019）『マンキュー経済学II マクロ編（第4版）』東洋経済新報社

第16章

ビジネスに生かす経済学

ミニケース　20XX年6月，ビジネス学部は，提携校との合併について判断を迫られていた。提携の深化，ライバルの攻勢，社会の要請の中で，あなたが方針案の下書きを任されることになった。上司はニュートラルで，まずはたたき台としての資料づくりをしてほしいとのことであった。状況的にははじめての場面で前例はほとんどない。良い資料を，締切を守って作成したい。どう考えていけばいいだろうか。

　こうした意思決定を考える，これが経済学の対象のひとつである。その内容は，様々な局面に応用可能である。例えば，需要・供給はどう決まってくるのか，どう変わるのか。当方にとっての最適な反応と相手にとっての最適な反応はどうか。これらはデータに基づいて説明できるか。1つ1つ課題を設定して資料を作り始めたい。……

この章で学ぶこと

● ビジネスでの意思決定をじっくり考えよう：最適化と均衡と実証主義が大事。

● 教員の配置，これも経済学で考えることができる。

● 自分なりに，課題に対する接近法として，経済学的アプローチを当てはめてみる実践をしてみよう。

♪ KEYWORD

　意思決定　最適化　均衡　実証主義

1　経済学とはどんな分野か

　経済学は，社会における経済活動を研究する学問領域である。ビジネスにおける企業の動向，消費者の買物，国の経済政策の運営，こうしたことが幅広く

検討の対象である。そうした中での人々の意思決定・選択に関し，様々な手法を用いて分析し，仮説検証していくものである。

ビジネスでは，意思決定が必要となる。それは，例えば，この材料をこの値段で買おうという個々の局面での意思決定，組織の方針としてこの商品をこの顧客に販売していこうとする方針の策定，企業として賃上げをこのくらい実施しようとする会社内の指針の作成，産業の動向を調べて企業としてある分野に進出しようとする戦略の計画，社会の経済事象の中で国の経済政策を決めて実施していこうとすること，これらすべてが選択が必要になってくる。この選択を，有効に，そして効率的に行うための手段を提供するものが経済学である。

経済学の原理は多くのところでまとめられてきている。ここでは，3つの原理を取り上げる（アセモグルほか（2020）参照）。

経済学の最初の原理は，最適化である。これは，人々は，実現可能な最善の選択肢を選ぼうとするという内容である。通常，人は最も良さそうだと思う選択肢を選ぶ。これは，単に，人間は合理的であると考えるのではなく，ある選択の局面で，良いことをもたらす選択肢と悪いことをもたらす選択肢があるならば，通常は，良いことをもたらす選択肢が選ばれると考えるものである。そして，この最適化の方法について経済学は研究を進めてきた。なぜ，選択がなされなければならないか，それは資源に制約があるからである。希少性が問題なのでもある。あるいは，あるものを手に入れるために本当に必要な費用は，諦めなければならないものすべての費用である。機会費用の考え方である。さらに，あるものを，どれだけ購入するか，それには，追加的な1単位を得ることからの便益とそれに費やす費用とを比べなければならない。限界原理の考え方である。こうした様々な考え方を経済学は準備してきている。

経済学の第2の原理は，均衡である。私たちの経済システムは均衡に向かう傾向がある。これは，ほとんどの国の経済社会システムは，際限ない不均衡のことに陥ることなく，一定の均衡に達している。事案の分析の際には，この均衡がどう生じているかを考えることが重要である。均衡とは，バランスが取れているところであり，人々が，そこから行動を変えることで利益を得る者がいるかを見ることになる。ある取引がなされることで，一方の者が損をする，そうしたことは長続きしないし，問題が生じることが多い。そうしたことが起き

ないように，対応がなされ，均衡が図られることが多い。そうした制度設計，改善案の策定にも経済学の知見が生かされる。

　経済学の第3の原理は実証主義である。経済学ではデータを使って分析する。基本的な法則は，データに基づいて繰り返し実証されてきて，それが，教科書にまとめられてきている。しかし，教科書の内容も，最初は仮説であり，理論的な考察であり，それが，データに基づいて実証されてきて，多くの研究が積み重ねられてきた。こうしたものが，今日の経済学が体系的・段階的なものとしてまとめられるようになってきた。このように経済学では，理論を検証したり，世界で起きていることの要因を分析するためデータを活用することがなされてきている。理論研究でも，それが検証可能なものか，そしてデータに基づいて検証されたかが今日重要な位置づけを占めるものとなっている。これは，今日の日本政府においても，エビデンス・ベースド・ポリシー・メイキングとして，客観的証拠に基づく政策立案が推進されようとしており，経済学の基本原理の観点からもこうした取組は支持されるものである（政府の行政改革のトップ／EBPMの推進のウェブページなどが参考となる。このほか，伊藤（2017），中室・津川（2017）も参考となる）。

2 経済学のアプローチ

経済学の研究は人間行動のすべてを対象とする。例えば，シートベルトをするか，このケーキを食べるか，こうした選択こそが経済学の研究対象になる。そこでは，いわゆるお金の動きの研究だけが行われるのではなく，選択という意思決定の分析，そして，経済主体（選択を行う者：個人，企業，国）による，希少な資源（限られたもの）に対する，欲求の配分を検討することになる。

経済学の分析方法は多様であるが，多くの研究ではモデルを用いて対象を分析する。モデルとは，現実の様々なメカニズムを，重要な要素だけ抜き出してきて，本質的な関係はどうなっているかを見ようとするものである。そこでは，数式が用いられたり，図や表で説明がなされたりする。しかし，数学的な装いは，現実の中から単純な関係を導き出そうとするものであり，厳密に考えたいと公理・定義を用いて議論をするモデルもあれば，直感的な図での説明をするモデルもある。

経済学はミクロ経済学とマクロ経済学に分けられることもある。ミクロ経済学は，個人，家計，企業，政府がどのように選択を行うかを研究する。その選択が，価格，資源配分，そしてほかの経済主体とどう関連するかを研究する分野である。マクロ経済学は，社会経済全体の現象（国，地域，世界）がどのように動いているかのメカニズムを分析する。経済全体の総産出量，その成長，一般物価の上昇，労働人口の中で働いていない者（失業）の背景，原因，影響などを研究する分野である。

また，理論的研究，実証的研究の視点もある。理論的研究は，主としてモデルに基づく社会経済事象のメカニズムを抽象的に検討し，解明するものである。実証的研究は，データに基づき経済モデルを検証するものであり，また観察的・発見的な研究もなされる。このほか，制度的研究，歴史的研究，実験的研究など様々な研究がなされてきている。

3 ケースに学ぶ経済学の分析手法

ここで実際に経済学を用いた分析の事例を検討する。教員の加配と問題行動の研究例に基づいて，課題に対して経済学がどのようにアプローチしているかをつかんでほしい。

公立小中学校で主として非常勤で行われている追加的な教員の割り当て（教員加配）について，経済学での検討事例を紹介する（田中・両角，2021）。教員の割り当ては学校が考えることであって，それを研究するのは教育学，あるいは組織の中での人員配置の組織研究になるかとも思われる。しかしながら，こうした社会的課題に対して，どこに問題があるのか，問題解消のためには何をすればよいのかを検討するにも，経済学のアプローチを活用することができる。

まず結論を紹介する。公立中学校への教員加配が生徒の問題行動の減少・抑制に対して与える効果を分析した結果，第1に，問題行動抑制・解消のための教員加配は一般的に不登校の生徒数を減らすが，この効果は就学援助を受けている生徒の割合が高い（経済的に恵まれていない家庭の生徒が多い）学校において特に強く観察された。第2に，暴力行為発生件数は学校における就学援助受給生の割合と正の相関を持つが，教員加配との関係は検出されなかった。第3に，いじめの認知件数と教員加配や家庭の経済環境との間には統計的に有意な関係は検出されなかった。これらの結果より，教員加配を通じて問題行動に対処しようとする際には，対象となる問題行動を明確にした上で各学校における生徒の家庭経済との影響を考慮し，その対策に当たることが重要であることがわかった。

それでは，これはどのように検討されたのかを見ていきたい。この分析では，公立中学校への教員加配が生徒の問題行動の減少・抑制に対して与える効果を見ている。その際，特に，この効果が生徒の家庭経済環境により異なりうる点に着目している。具体的な分析の手法としては，ある政令指定都市の公立中学校の学校別パネルデータを用いて，不登校生徒数，暴力行為発生件数，いじめ

181

の認知件数のそれぞれを被説明変数とする付加価値モデルの推定を行っている。

こうした分析手法の難しそうなやり方に拒否反応を示すことはない。どういった問題を検討しようとしているのか，公立中学校への追加的な教員の配置が問題行動抑制に役に立っているかを調べようとしているとする中心的な問いを意識しておくことが大事である。これをリサーチクエスチョンと呼び，それを解明するために様々なやり方で挑むことが経済学の研究なのである。

そして，先行研究でどのようなものがあったのかも詳細に調べて，先行研究で言われていることを踏まえた上で，ある年にこの数だけ問題行動があった，その数というのは追加的な教員の配置がなされると減ったのか，影響がなかったのかといった関係を調べているのである。さらに，調べた結果を別の手法から検討し直して，本当に研究の結果は信憑性を持つものなのかといった頑健性もしっかり検討されたものとなっているのである。

教員の配置という経済活動ではなさそうなものに対しても，経済学のアプローチで分析検討することができ，役に立つところ，そうでもなかったところが明らかになり，今後の議論に役立つことになる。これが経済学を用いた実証的な研究の1つの事例である。

4　リーダーシップと経済学

　ほとんどすべての社会人は日常生活において経済活動を行っており，経済活動の仕組みや市場の役割を理解し，経済政策や制度の当否を判断できるようになることが必要となっている。われわれ各人は，職業人として社会で活躍することが期待されており，自らの業務との関連で経済社会の仕組みや経済制度・経済政策の意義をその歴史的背景を含めて理解していることで，業務上の的確な判断ができるようになることが望ましいと考えられる。

　これに向けて，経済学を学ぶことを通じて，抽象的思考，演繹・帰納的思考，数量的スキルなどを身に付けることが期待されている。また，論理的・批判的思考能力などとともに，コミュニケーション能力はリーダーシップに必要な能力である。基礎知識と分析的な考え方は，自分なりのリーダーシップを深めていく際の武器にもなるのである。

　経済学では数学と統計学を用いることがある。そこで用いる数学・統計学の水準は，学生の能力や興味の度合い，科目の性質などに依存して判断することになるが，高度な技術として用いるのではなく，応用できる能力として身に付けていくことが特に大事なものとなっている。人の立場を推し量って，物事を進める共感や情緒的な取り組みは，組織を通して目的を実現する上で欠かせない。しかしながら，それだけでは目標の実現が難しいこともある。原因を推量し，対処方針を考え，実行し，改善する。実際，こうした数学と統計学の収入の高さを示す研究もあるが（浦坂ほか，2011），それだけでなく，数学・統計

学で培うことになるロジカルな能力と判断は，自分なりのリーダーシップを確立する際にも有効なものとなるとも考えられる。

5　経済学の勉強の仕方

　経済学の勉強法に関する経済学の研究は実はそれほど多くない。勉強法全般に関する経済学からのアプローチも，見つけにくい。多くの教科書は，内容を体系的に段階を踏んで説明しているが，勉強の仕方自体に言及するものは次のいくつかのものが参考になる。

　ここでは，ミクロ経済学の定番の教科書である『ミクロ経済学の力』（神取道宏著）では次のとおり述べられているところを例示する。「これまでのミクロ経済学の教科書が，理論モデルの解説に終始して現実との関係を軽視してきたことに対し，本書ではミクロ経済学の理論モデルに当てはまる現実の事例をたくさん，そして詳しく紹介します」とされている。すなわち，現実の社会経済で起きている事柄に経済学を当てはめて考えてみる，このことが経済学を身に付ける手法なのである。また，「現状の多くの中上級の教科書の問題点は，それらが『ずらりと並んだ包丁（＝理論モデル）のカタログと使い方マニュアル』になってしまっており，肝心の『どんな料理ができるのか』がほとんど書かれていない」と指摘もされている。数学モデルと現実の接点を見失うことなく学んでいくことが有効な方法であるとされている。

このためには，①知識（情報や概念を想起する），②理解（伝えられたことがわかり，素材や観念を利用できる），③応用（情報や概念を特定の具体的なことで使う），④分析（情報や概念を各部分に分解し，相互の関係を明らかにする），⑤評価（素材や方法の価値を目的に照らして判断する），⑥創造（身に付けたものに基づき，新しい考え方を作り出すことができる）といった順に学んでいく，これまでの教育学での知見を生かした勉強法も参考となる（ブルーム・タキソノミー：例えば，石井（2002）参照）。これは，例えば学習指導要領の中の考え方として，3つの要素としてまとめられている。第1に，知識・技能，第2に，思考力・判断力・表現力，第3に，主体性・多様性・協調性である。勉強法の力点としてメタな視点から活用していくと有用である。

　こうした様々な勉強法，学修方法を踏まえた上で，経済学の勉強法を考えると，まず，情報を知り，理解する。その上で，情報を処理できるようになることから始めることが挙げられる。経済学の主要な教科書の内容を理解すること，中に出てくる用語について知ることである。次に，現実社会の場面で経済学の知識・考え方の応用にチャレンジしてみることである。ここまでできれば，すでに経済学を身に付けたことになるかもしれない。その上で，課題に対する接近法として，経済学的アプローチにはどのようなやり方があるのか論文を読み，自ら当てはめてみる実践である。そして，これらに基づいて，一定のまとまりのある資料を作成する，メモを作る，レポートをまとめることができれば，十分経済学を使いこなしていることになる。

📖 練習問題

1　あなたの経済学についてのこれまでの認識とこの章で経済学について勉強したこととの違いをまとめてください。
2　価格がゼロのものが取引されていることがある。これは,経済学的に見るとどのように見ることができますか。

📖 参考文献

石井英真（2002）「『改訂版タキソノミー』によるブルーム・タキソノミーの再構築」『教育方法学研究』第28巻，47-58
伊藤公一朗（2017）『データ分析の力 因果関係に迫る思考法』光文社

浦坂純子・西村和雄・平田純一・八木匡「理系出身者と文系出身者の年収比較-JHPS データに基づく分析結果」- 2011 RIETI Discussion Paper Series 11-J-020

神取道宏（2014）『ミクロ経済学の力』日本評論社

田中隆一・両角淳良（2021）「教員加配と問題行動－家庭経済環境の役割」『日本経済研究』79-5

ダロン・アセモグル，レヴィッド・レイブソン，ジョン・リスト著　岩本康志監訳，岩本千晴訳（2020）『アセモグル・レイブソン・リスト入門経済学』第 1 章，東洋経済新報社

中室牧子・津川友介（2017）『「原因と結果」の経済学―データから真実を見抜く思考法』ダイヤモンド社

政府の行政改革トップ/EBPMの推進 https://www.gyoukaku.go.jp/ebpm/index.html

Part4

経済学

第17章

ビジネスと経済学における
比較優位の原理の応用

ミニケース　あなたが持っている衣類のタグを調べて，どの国で作られているかをチェックしてみよう。中国・ベトナム・インドネシア・バングラデシュ・タイ・カンボジア・ミャンマーなど，様々な国で製造されているのではないか。また，皆さんが使用しているスマートフォンには，液晶パネル・チップ・メモリー・コンデンサー・イメージセンサーなどの様々な電子部品が使用されている。そして，その部品は，日本を含めて世界中のメーカーが供給しているものである。それでは，このような国際貿易はどのような原理で行われるのであろうか？

この章で学ぶこと
- 本章では，ミクロ経済学について簡単な説明を行いながら，国際貿易がなぜ行われるのかを説明する。
- そして，比較優位の原理のビジネスおよび日本の食と農への応用を考える。

KEYWORD
比較優位　国際貿易　日本の食と農

1　はじめに

　経済のグローバル化が進む中で，人・物・資金・アイデアが国境を越えて移動するようになった。本章で最も重要なキーワードは「比較優位（Comparative Advantage）の原理」である。この原理は，とても単純なものだが，直感的な

187

理解と一致しないこともある。例えば、「中国は賃金が安いので、このままでは日本の中の産業は中国に負けてしまう」という、一見するともっともらしく見える言説は、比較優位の原理とは反するものである。

比較優位の原理は、アメリカで一般的に用いられている入門的な経済学の教科書のほとんどにおいて、本の冒頭に書かれる。例えば、マンキュー『入門経済学』では、「経済学の十大原理」の1つとして「第5原理：交易（取引）はすべての人々をより豊かにする」ことが述べられており、その原理として比較優位を挙げている（マンキュー、2019）。クルーグマン『ミクロ経済学』でも、第2章「トレードオフと取引」の中で、比較優位の原理を扱っている（クルーグマン、2017）。それほど、現代の経済社会を理解する上では、比較優位の原則に関する理解が欠かせないと言える。また、「比較優位」を理解するためには、「機会費用」「トレードオフ」といった、ミクロ経済学の根本的な概念を理解する必要がある。「比較優位」を学ぶことによって、国際貿易の仕組みだけでなく、ミクロ経済学の根本原理の一端を理解することにもつながるだろう。

2 比較優位とは何か

比較優位の原理は、リカードが『経済学及び課税の原理』において提示したものである。比較優位とは何かを説明するために、まず「機会費用（opportunity cost）」という概念を説明する必要がある。

機会費用とは、「あるものを手に入れるためにあきらめなければならないもの（マンキュー、2019、p.8）」として定義される。これには、実際の支出した金銭以外のものも含まれる。例えば、大学に1年間通う代わりに働いていたとすると、その期間で給料を得ることができる。例えば、大学の1年間の学費が100万円とし、1年間働いていたら200万円の給料が得られるとすると、大学に通うことの機会費用は100万円ではなく100＋200＝300万円である。経済学における費用とは、実際に支出した費用に加えて、機会費用を含めたものを指す。機会費用の概念の練習として、大学生が1時間アルバイトをすると、時給をもらう代わりに、どのような機会費用が発生しているかを考えてみよう。

この機会費用の概念を用いて、比較優位を定義することができる。つまり、

「他国よりもある財を生産する機会費用が低い国は，その財の生産に比較優位
を持つ」という。

3　比較優位の数値例

　以下では，単純化のために，2国・2財・1生産要素の場合の比較優位の原
理を解説する。実際の貿易は多国間・多財・多要素で行われるが，貿易が機会
費用の格差から生まれるという基本的な原理は同じである。また，後述するよ
うに，比較優位が生まれる要因はいくつか考えられるが，ここでは気象条件に
よる財の生産性の違いを考えよう。

　世界に2つの国があるとしよう。2国を「A国」と「J国」と呼ぼう。A国
とJ国は2000人の労働を保有している。A国・J国では，「自動車」と「小麦」
の生産に**図表17-1**のとおりの労働力が必要になり，そのほかの資源に制約
はないものとする。J国は，気象条件から，小麦の生産に多くの労働が必要と
なる。この例において，J国は，A国に比べて，自動車の生産性が高いわけで
はないことに注意しよう。

　まず，A国・J国において，貿易をしない状態（自給自足）で，どれだけの
財を生産できるか図示してみよう。貿易をしない状態では，両国は，自国で生
産した財のみを消費できることになる。自動車の生産量をX，小麦の生産量を
Yとすると，それぞれの生産量に，1単位当たりに必要な労働力をかけること
で，2財の生産に必要な労働の量がわかる。

　A国において，労働を余らせないで使用すると，以下の等式（1）が成立す
る。

$$100X+50Y=2000 \tag{1}$$

この数式を直線にしたものをA国の「生産可能性フロンティア」という。

図表17-1　A国とJ国が自動車と小麦を生産する際に必要な労働力

	A国	J国
自動車（X）	100	100
小麦（Y）	50	200

この生産可能性フロンティアを以下のような方法で図示してみよう。（1）式は以下のように変形できる。

$$Y = -2X + 40 \tag{2}$$

縦軸にY（小麦），横軸にX（自動車）を取った座標を取り，（2）式をグラフに描くと**図表17-2**（左）の実線のようになる。つまり，Y切片が40，傾きが-2の直線を描けばいいことになる。

貿易がなければ，A国の消費はこの直線上にある。例えば，(X,Y) = (10,20) としよう。なお，生産可能性フロンティア上のどの点で消費が決まるかは，その国の消費に関する「無差別曲線」によって決まる。無差別曲線の詳細は「ミクロ経済学」の関連文献や講義で学べる。

さて，生産可能性フロンティアの傾きの絶対値が2であることは，自動車（X）と小麦（Y）のトレードオフ（相反する関係）の関係を表している。つまり，自動車の生産を1単位増やすためには，小麦の生産を2単位減らす必要がある。つまり，自動車1単位の機会費用は，小麦で測って2単位であることがわかる。逆に考えると，小麦を1単位増やすために，自動車の生産を0.5単位減らさなければいけないことから，小麦1単位の機会費用は，自動車で測って0.5単位であると言える。

同様に，J国の生産可能性フロンティアは**図表17-2**（右）の実線（100X+200Y=2000より，Y = -0.5X+10）に図示できる。J国における自動車と小麦の機会費用を，もう1つの財の量で測ってみる。先ほどと同様の計算

図表17-2 A国の生産可能性フロンティア（左）と
J国の生産可能性フロンティア（右）

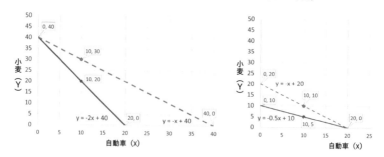

から，J国において自動車を生産する機会費用は，小麦で測って0.5単位分である。また，J国において小麦を生産する機会費用は，自動車で測って2単位分である。貿易がなければ，J国の消費はこの直線上のどこかにある。例えば，(X,Y) ＝（10,5）としよう。

以上の議論から，J国においては，A国に比べて，小麦を生産する機会費用が大きいこと，A国においては，J国に比べて，自動車を生産する機会費用が大きいことがわかる。

ここで，J国はA国に自動車を輸出し，代わりにA国はJ国に小麦を輸出することを考えてみよう。交換比率は以上の数値例だけからは決まらないが，以下では両国の自動車の機会費用を考慮して，自動車1：小麦1の比率で交換するものとする。交換比率が両国の機会費用の間である0.5〜2の間であれば貿易が行われる。

まず，J国がA国に自動車を追加で1単位輸出し，A国がJ国に小麦を追加で1単位輸出する例を考える。J国では，自動車を1単位輸出するために，小麦の生産を0.5単位減らす。A国では，小麦を1単位輸出するために，自動車の生産を0.5単位減らす。そして，J国は小麦を1単位得て，A国は自動車を1単位得ることができる。その結果，J国の消費量は（10, 20）から（10, 20.5）となり，A国の消費量は（5, 10）から（5.5, 10）となる。これらの点は，元の生産可能性フロンティアの上（右）側にあり，自給自足では達成できない点である。つまり，貿易によって，自給自足では達成できないような消費が可能になった。

そしてA国とJ国の交換が続くと，A国は，自動車の生産に使っていた労働力を小麦の生産に回し，J国と自動車・小麦の交換を行うことで，自動車・小麦の両方の消費を増やすことができる。最終的には，A国の労働は全て自動車の生産に回る，つまりA国は自動車の生産に特化することになる。A国では，最大で40単位の小麦を生産することができる。自動車と小麦の交換比率は1：1のままとすると，自動車と小麦のトレードオフの関係は1：1となるので，

$$Y = -X + 40 \tag{3}$$

前掲の**図表17−2**（左）の点線の線上で消費を行うことができる。点線は，生産可能性フロンティア上の点よりも上にあるため両方の財について消費量が

大きいため，つまり貿易の利益が得られたことになる。例えば（X,Y）＝
（10,30）は貿易なしでは達成できない消費である。

　同様に，J国は，比較優位のある（＝機会費用の小さい）「自動車」の生産
にすべての労働力を使い，A国と自動車・小麦の１：１での交換を行えば，点
線上の点で消費できる。**図表17－2**（右）の点線は，生産可能フロンティア
上の点よりも，両方の財について消費量が大きいため，貿易の利益が得られる。
例えばJ国において（X,Y）＝（10,10）は貿易なしでは達成できない。このよ
うに，比較優位の原理に従って，貿易を行う前に比べて，すべての国が利益を
得ることができる。

　ただし，貿易によって，すべての国が等しく豊かになるとは言っていないこ
とに注意する必要がある。例えば，貿易を行っているが貧しい開発途上国はた
くさんある。しかし，そうした国が貿易を行わなければ，より貧しくなってい
ただろう。

　以上の数値例からもわかるように，国際貿易のパターンは，「絶対優位」に
よっては決まらない。「絶対優位」とは，ある財を生産するときに，より少な
い投入量しか必要としないことを言う。なぜなら，A国とJ国の自動車の生産
に必要な労働量は同じである。A国が自動車を輸入したのは，J国よりも自動
車の生産性が低いからではなく，J国の小麦の生産性が気象条件によって低い
ためである。

　比較優位は財を生産する機会費用の相対的な格差によってもたらされるので，
各国は何か１つの財の生産には必ず比較優位がある。

4　比較優位の源泉と現実の経済

　先ほどの例では，気候や土地条件の違いによって，比較優位の違いが発生す
ることを想定していた。実際には，様々な要因によって比較優位が生まれる。
例えばスティグリッツ『入門経済学』は，「(1)土地，天然資源や気候のような
地理的決定要因からなる，天然資源の存在量，(2)国が開発してきた物的資本や
人的資本のような，取得した資源の存在量，(3)歴史上の偶然，あるいは人為的
な政策によってもたらされた，科学技術上の優位性を含む，優れた知識という

要因によって比較優位が生まれる」と挙げており，また比較優位による特化が生産性を向上させることによって比較優位をもたらすことを説明している（スティグリッツ，2021，p.106）。

　これらの要因に対応した，国際貿易のモデルもある。例えば，生産要素量の違いによって比較優位がもたらされることをモデル化したものとして，ヘクシャー＝オーリンモデルがある。ヘクシャー＝オーリンモデルでは，各国は国内に豊富にある生産要素を集約的に利用する財に比較優位を持つ（クルーグマン，2017）。なぜなら，生産要素が豊富にある場合には，財を生産することの機会費用が小さくなるからである。例えば日本農業，特に穀物について比較優位がない理由は，気象条件もあるが，最も重要なのは，人口に比べて農業に利用できる土地が小さいためである。一方，アメリカ経済に比較優位があるのは人的資本について集約的な財だと考えられる。アメリカでそれほど家電が作られないのは技術的に劣っているからではない。

　生産可能フロンティアが変化することもある。例えば，人口成長によって労働力が増加することや，設備投資によって資本が増加することなど，生産資源が変化することがある。また，教育や科学技術の進歩によって，生産性が変化することもある。さらに，財の産出量が増加するにつれて，労働などの生産資源の生産性が上昇すること，つまり収穫逓増という効果が働く場合がある。したがって生産可能性フロンティアが拡大する可能性を考慮すると，現時点での比較優位に従って分業を行うことは，必ずしも将来的な効率性につながらない可能性がある。国際貿易においては，現時点では比較優位のない産業を保護して，生産性が向上してから貿易を行うことを，幼稚産業保護と言う。つまり，学習効果（learning by doing）によって生産性が向上する余地があるという状況である。しかし，現実の経済では，幼稚産業保護を行うよりも，貿易開放度が高いほど経済成長が起きやすく，産業の高度化も進みやすいと言われている。

　現実の経済では，物々交換は行われず，貨幣を介して取引が行われる。実際，「自動車1単位の価値は小麦2単位」であると言うよりも，「自動車1単位の価値は，日本銀行券（という紙切れ）100枚分」「小麦1単位の価値は，日本銀行券50枚分」であると言うほうがわかりやすいはずである。

　前述の例では，物の相対価格がどのように決まるかがわからなかった。うま

く比較優位の原則が機能するためには，物の価格が適正に決まる必要がある。ここで必要になるのが「市場」である。多くの経済活動では，家計と企業の分離が行われている。通常，家計は労働・土地・資本などの生産要素を，要素市場を介して，企業に提供する。企業は，生産要素に対して対価を支払う。企業は，生産要素を利用して財・サービスを市場に提供する。家計は財・サービスを購入する。

　一方で，市場経済の原動力の1つが，比較優位の原理に基づく分業・特化であることは，前述の数値例と同じである。通常，企業は自社に比較優位のある財を提供することで多くの利益を得ようとする。分業の利益がなければ，私たちは未だにすべての財を自分で生産・消費する自給自足の生活を送っていただろう。

5　ビジネスに役立つ比較優位の原理とリーダーシップ

　ここで，この「比較優位の原理」が，ビジネスにも役に立つことを触れておきたい。ビジネスにおいても，比較優位の原理に従って分業を行うべきであって，絶対優位を考えるべきではない。公平性といったような関係ないことを持ち込むべきでもない。

　例えば，ある部署の2人の会社員A・Bが，「営業」「マネジメント」という2つの業務を分担して行うとする。これは，財ではなく，サービスを生産してお互いに取引していると解釈できる。社員Aはベテラン社員で，営業とマネジメントの両方がBより得意である。社員Bは若手社員で，営業はそれなりにできるが，マネジメントは全くできない。つまり，社員Aは，「営業」「マネジメント」の両方に「絶対優位」を持つということである。ここで，会社員Aは，「Bよりも自分のほうが営業が上手なのだから，自分で営業をやってしまおう」と考えるべきではない。比較優位の原理に従えば，社員Aはマネジメントに，社員Bは営業に比較優位を持つので，社員Aがマネジメントをし，社員Bが営業をすれば，両者にとって利益がある。このように，チーム内で複数人の仕事の分担を考えるときには，「公平に仕事を分担する」べきでもないし，「各人が一番やりたい仕事を割り振る」べきでもない。ある業務についてチーム内で比

較優位がある。つまり相対的に機会費用が低い仕事を割り振るべきである。新入社員の立場からすれば，いくらフレッシュマンでもチーム内で自分の比較優位を持ち，仕事の役割を果たすことができる。

　一方，そのような自分の比較優位を見つけるためには正しい自己分析が必要である。共立女子大学ビジネス学部にはリーダーシッププログラムがあり，そこで求められるリーダーシップ像は，従来型の周りを引っ張るリーダーだけではなく，個々の特長を活かした自分のリーダーシップである。そこでは，「自己と他者への理解を深めること」「チームで成果を生み出すための自らの役割について考察すること」という学修ができる。そのため，このプログラムは個人がチーム内での比較優位を見つけ，役割を果たすことに役立つと言える。

　一方，前述のように，長期的に比較優位が変化する可能性がある。例えば，学習効果（learning by doing）を考えると，苦手な仕事を割り振って，一時的に仕事の効率が低下したとしても，経験による学習を通じて，長期的には効率性の高い組織になることもありうる。ただし，転職が一般化している現在，会社も徐々に従来のメンバーシップ型雇用からジョブ型雇用にシフトすると考えられる。

6　現実的な例としての日本の食と農

　最後に，比較優位の原則がどのように現実に当てはまるか，そしてどのような留保が必要か，というケースとして，日本の食と農の問題を考えてみよう。

　日本は，消費する食料の多くを海外に依存している。日本は，農産物の生産，特に土地を多用する穀物などの生産に比較優位がない。これは，日本の農家の技術力が低いからではなく，以下のような理由が考えられる。（1）人口に比べて国土が小さいため，国土が広く大規模機械を効率的に使える新大陸の農業より不利である。（2）工業部門が発展しているため，農業の比較優位が低下する。このため，日本は農産物を輸入し，代わりに自動車や半導体製造装置などを輸出している。

　農林水産省が公表している，「カロリーベース総合食料自給率」という数値がある。カロリーベース総合食料自給率とは，「基礎的な栄養価であるエネル

ギー（カロリー）に着目して，国民に供給される熱量（総供給熱量）に対する国内生産の割合を示す指標」（農林水産省，2021）である。なお，輸入飼料を使用して生産された国産の畜産物は，輸入飼料の割合だけ外国産とみなすなど，いくつかの取り決めがある。この自給率は，2021年の数値で38％となっている（農林水産省，2021a）。つまり，私たちが消費しているカロリーの6割は，海外で生産されたものである。日本は，主食の米についてはほぼ自給しているが，それ以外の小麦・油糧種子・飼料穀物などの大半を輸入に頼っているためである。現在の豊かな食生活は，輸入なしには成り立たない。

　仮に，海外からの輸入が途絶するとどうなるだろうか？　現在の私たちが消費している食料の6割が消失するわけではなく，国内で自給できる食料だけで生きていくことになる。農林水産省は，「我が国農林水産業が有する食料の潜在生産能力」として「食料自給力」を推計している。これによると，「栄養バランスを考慮しつつ，米・小麦を中心に熱量効率を最大化して作付け」した場合でも，カロリーは1478kcalしか供給されない；これは，人間が生活するのに必要な推定エネルギー必要量である2152kcalを下回る（農林水産省，2021b）。「栄養バランスを考慮しつつ，いも類を中心に熱量効率を最大化して作付け」した場合では，2736kcalを供給することができる。この場合の食生活は，**図表17−3**のように，3食ともほぼいもが主食となる（農林水産省，2021c）。しかも，これはあくまでも理論的な最大値であり，日本の農地の大半をいもの生産に転換するのは非常に困難である。

　「私は国産の食品しか口にしないから関係ない」という人にとっても，海外産の食品が輸入されていることで，国産食料の価格が引き下げられている。もし，すべての日本人が国産の食品しか買えないことになったら，価格は買えないほどに跳ね上がるだろう。したがって，食料を自給せざるを得ない状況と比較すると，私たちの食生活の現状は，比較優位に沿って貿易を行うことの利益を得ていると言える。

　それでは，食料を現在以上に輸入に依存し，自動車などをさらに輸出したほうがいいのだろうか？　単純な経済効率だけを考えれば，比較優位に従って貿易を行ったほうが効率的であろう。しかし，食料を輸入に依存すると，食料を生産することによる環境への効果も失われることもある。例えば，適正に管理

図表17-3 食料自給力指標（いも類中心の作付け）の食事メニュー例

[出所] 農林水産省（2021）
　　　　https://www.maff.go.jp/j/zyukyu/zikyu_ritu/ohanasi01/01-08.html

されている農地は，雨水を一時的に貯めることで洪水を防止する機能がある。こうした，生産によって発揮される副次的な効果のことを，経済学では外部性と言う。また，食料を輸入に依存すると，国際的な食料危機が発生したときに，国内で食料を自給する基盤が失われてしまう。緊急時に食料を確保することを食料安全保障と言う。よって，経済的な効率性の観点からは，比較優位の原則に従って国際貿易をしたほうがいいものの，農業の外部性や食料安全保障の観点からは，ある程度は国内農業を維持したほうがよいとも考えられる。

　農業政策に限らず，実際の経済政策やビジネスにおいても，比較優位の原則を適用することによって生まれる効率性を把握した上で，それによって失われる要素がないか，それはどれくらい重要なのかを同時に考える必要がある。

練習問題

1　同じ学年の学生数名とチームワークを組むとして，チームの中であなたにはどのような比較優位があるだろうか。
2　洋服や食品など，外国で生産された身近な製品のラベルやタグなどを調べて，なぜその製品がその国で作られたのか，比較優位の視点から考えてみよう。

第17章　ビジネスと経済学における比較優位の原理の応用

197

引用・参考文献

ジョセフ・E・スティグリッツ，ウォルシュ・カール・E 著，藪下史郎ほか訳（2012）『スティグリッツ入門経済学（第 4 版）』東洋経済新報社

N. グレゴリー・マンキュー著，足立英之ほか訳（2019）『マンキュー入門経済学（第 3 版)』東洋経済新報社

ポール・クルーグマン，ロビン・ウェルス著，大山道広ほか訳（2017）『ミクロ経済学（第 2 版）』東洋経済新報社

農林水産省（2021a）『日本の食料自給率』農林水産省ホームページ：
https://www.maff.go.jp/j/zyukyu/zikyu_ritu/012.html

農林水産省（2021b）『日本の食料自給力』農林水産省ホームページ：
https://www.maff.go.jp/j/zyukyu/zikyu_ritu/012_1.html

農林水産省（2021c）『都道府県別食料自給率と食料自給力指標』農林水産省ホームページ：
https://www.maff.go.jp/j/zyukyu/zikyu_ritu/ohanasi01/01-08.html

Part4

経済学

Part 5

リーダーシップ

ビジネス社会で自分を活かす
リーダーシップ

ミニケース　職場には性別，年齢，学歴，国籍，価値観，雇用形態，転職経験の有無など多様な人材が溢れている。若手の抜擢も増える中，異なる経験をもつ多才な人材チームで成果を出すことの難しさが話題になっている。他方，各部門は専門化が進み部門間の交流が減少し，社員は目の前の業務に追われ協力し合う意識が薄れつつある。

　そんな中，入社3年目になったAさんは部門間交流を促進するための組織横断プロジェクトの最年少メンバーに抜擢された。プロジェクトのリーダーも，Aさんを含む7名のメンバーも異なる業務領域や専門知識，経験を有し，過去にはほとんど一緒に仕事をしたことがない者同士だ。力を合わせて1年間で組織内の適切な情報共有や協力し合う仕組みを提案しなければならない。大切な任務で身が引き締まる思いだが，求められる成果をチームでより良く生み出すために，Aさんは一メンバーとしてどのような行動をすべきか思案中だ。

　リーダーシップの考え方をどのように活用できるだろうか？

この章で学ぶこと
- リーダーシップの定義について理解する。
- リーダーシップ理論と活用について学ぶ。
- リーダーシップ開発の仕方と実践するためのしくみについて考える。

KEYWORD

　ダイバーシティ＆インクルージョン　自己理解と他者理解
　リーダーシップ最小三要素　シェアド・リーダーシップ　フィードバック
　PM理論　関係性リーダーシップモデル

1 リーダーシップについて考える

1.1 リーダーシップの定義

　大学生に「あなたはどんなリーダーシップを発揮しているか」と聞くと「あまり発揮していない」「自分はリーダーではないので考えたことがない」と答える学生が多い。一般的にリーダーシップは「リーダーが発揮すべきもの」や，「どんなリーダーであるべきか，ということ」などと捉えがちだ。リーダーとリーダーシップという言葉は，日常会話の中でもよく使われているから，意味を混同してしまいがちなのだろう。実はビジネス分野におけるリーダーシップの定義もまた多種多様である。リーダーシップに関する文献を3,000以上も調べたストグディル（Stogdill, R.M）は「リーダーシップの概念を示そうとする人の数ほどリーダーシップの定義は存在する」と述べている（コミベスほか，2017, p.64）。

　リーダーとはどういう人のことだろうか。リーダーとは特定の地位に立ち，役割を担っている人のことである。大学も含めてあらゆる組織やコミュニティに存在する。コミベスほか（Komives, S.R. ほか）は「リーダーシップはポジティブな変化を実現するための，人々の関係的で倫理的なプロセス」である（コミベスほか，2017, p.57）としている。石川は「職場やチームの目標を達成するためにほかのメンバーに及ぼす影響力」（石川，2022, p.41）と定義した。約20年日本における大学生のリーダーシップ開発を牽引している日向野の定義は「何らかの成果を生み出すために，他者に影響をあたえること」（日向野，2018, p.20）である。いずれの場合も明らかなのはリーダーシップを個人の資質（生まれながらにもっているもの）ではなく，チーム活動における他者やチームへの影響のプロセスと捉えている点である。リーダーという役割を担う人々はリーダーシップ「成果や目標を達成するために他者やチームメンバーによい影響力を発揮すること」を役割として強く求められているといえる。しかし，これらの定義においては，リーダーに限らずメンバーも「成果や目標を達成するために他者やチームメンバーによい影響力を発揮すること」ができる。

この状態はシェアド・リーダーシップと呼ばれ役職や役割にかかわらず必要な時に必要な人が発揮する（発揮できる）全員発揮のリーダーシップの考え方である。

1.2　リーダーシップ発揮のための自己理解とD&I

（1）個人は多様性を複合的に内包する個である

　他者に影響をあたえるには自分がどのような人間で，どのような他者に影響をあたえるのかを理解すること，つまり自己理解と他者理解が必要だ。そのためには「ダイバーシティ&インクルージョン（Diversity & Inclusion）」多様性の受容（以下，Ｄ＆Ｉ）の観点が欠かせない。

　ダイバーシティとは「多様性」という意味であり，インクルージョンは「包括，包容」などと訳す。Ｄ＆Ｉは一般的に「多様性の受容」と表現され，年齢，性別，文化，価値観など多様な人々が個々の違いを受け入れ，認め合い共生する社会をめざす取り組みや考え方を示す。

　多様性の捉え方は，「変えられるもの」と「変えられないもの」を表した円形のモデル，「目に見えるもの」と「見えないもの」を表す氷山モデルなど複数ある（**図表18−1**）。2つの図からは，自分の選択で変えられるものも多い一方，変えづらいものが個性の中心にあり，他者からは見えない（深層）にこそ多く存在することがわかる。

　組織の人材多様性については，タスク型，デモグラフィ型，サイコグラフィ

Part5

リーダーシップ

図表18-1　変えられるもの・変えられないもの，と表層・深層

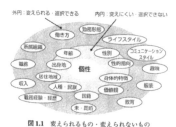

図 1.1　変えられるもの・変えられないもの

［森田ゆり「多様性トレーニング・ガイド―人権啓発参加型学習の理論と実践」
（2000，部落解放人権研究所）p.13の図を元に筆者が作成］

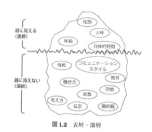

図 1.2　表層・深層

［出所］荒金雅子（2013）pp.20−22

型と分ける考え方もある。デモグラフィ型は人口統計的な属性（例：年齢，性別，国籍他），タスク型は業務に必要な専門性，スキルや能力，経験などであり，後者は特に企業に不可欠な「知」の多様性やシナジーを生み出すと考えられている。サイコグラフィ型は心理的属性のことで，性格や価値観，職業観やキャリア志向などだ。例えばビジネス学部の202X年度学生約150名は，外部からは一見同質の女子学生に見えるかもしれないが，サイコグラフィ型の観点では，違う価値観で異なる貢献をする多様な人材である。組織でD＆Iを語る際はデモグラフィ型やタスク型が注目されることが多いが，サイコグラフィ型の多様性が組織内に存在し，個人が自身の価値観に基づいていきいきと力を発揮していることは重要である。以上３つの捉え方は多様性を理解するために相互に補完し合うものであり，個人はこのようなあらゆる多様性を複合的に内包し，時には本人自身も自覚していない多様性も有する複雑な個という存在であると言えるだろう。

（2）これからの組織環境で個人が求められること

D＆I推進の取り組みによって，組織が進化する５つのステージ「抵抗」「同化」「多様性尊重」「分離」「統合」がある。D＆Iが定着しつつある現在，多くの企業は違いに価値をおく「分離」や違いを生かし競争優位につなげる「統合」のステージをめざしている（**図表18-2**）。

いずれの状態においても多様性が豊かに存在する組織では，意見の相違や対

図表18-2 ダイバシティに対する企業行動

[出所] 谷口真美 (2019) p.257

第
18
章

ビジネス社会で自分を活かすリーダーシップ

203

立が起こることは避けられない。サイコグラフィ型ダイバーシティがあれば，意見が異なることは当然であり，仮にコンフリクトが一切ない職場というのは意見の多様性がないともいえる。

　つまり，私たちの前には豊かな多様性の大海原が広がり，自立的に考え，自己の意見も他者も尊重し，組織やチームの一員として「何らかの成果」に向けて議論を重ね，時には対立を乗り越え協働する世界が待っている。もし自己理解が進んでいなかったり，偽りの自分であったりすると，自分の力を適切に発揮することができないだろう。まずは自分とはどういう人間なのか，何が強みでどんな弱みがあるのか，その上で自分はどのような影響力で多様な他者と関わって活動し成果を出したいのかを理解することが肝要だ。そして多様性の中で自分らしく生きるための様々なスキルとマインドセットが求められている。

　Aさんへのアドバイス：最年少であってもメンバーとして成果貢献へのリーダーシップは可能である。まずはここまで獲得した３年間のスキルを棚卸し，自分の強みや弱みを理解し，自分はどのようなリーダーシップを発揮しチームに貢献してきたのか，他者にも説明できるように整理することだ。今回のプロジェクトでどのようなリーダーシップを発揮したいかを考えリーダーやメンバーに共有するのもいいだろう。チーム内でも対話を促進し相互理解を深めていくことができる。

2　リーダーシップ理論の活用

　リーダーシップは経営学の組織行動論の領域で100年以上の研究の歴史がある。本学のリーダーシップ演習では，過去のリーダーシップ研究の中から実践的な要素を中心に取り入れ大学生のリーダーシップ開発を目的に１年半の必修科目の授業設計をしている。膨大な各理論については当紙面では触れることができないが，関心のある学生は石川（2022），服部（2020）とコミベスほか（2017）をおすすめする。研究者間で異なる視点もあるが，いずれも理論やアプローチの多岐で複雑な変遷を整理し紹介している。

　ここでは授業に関わる主要な３つの観点を以下に紹介する。

図表18-3 リーダーシップ最小三要素

[出所] 日向野（2018）より授業用に筆者構成（リーダーシップ開発入門演習Ⅰ授業資料）

2.1 リーダーシップ最小三要素

　日向野（2018）は大学生のリーダーシップ開発を促進する目的でリーダーシップ行動として最低限に必要な要素を「目標設定・共有」「率先垂範」「相互支援」の3点とし，「リーダーシップ最小三要素」として提唱している（**図表18-3**）。リーダーシップを発揮している状態はこの最小三要素が入っていることが必要であり，例えば「率先垂範」と「相互支援」ができていても「目標設定・共有」ができていなければ，チームがめざす成果を導くことは難しいと考える。

　最小三要素の元となっているのは，クーゼスとポズナー（Kouzes, J.M. and Posner, B. Z., 2010）の5つの実践指針で行動理論の流れをくむ考え方である。5つの行動指針とは，①模範となる，②共通のビジョンで鼓舞する，③現状を改革する，④行動できる環境をつくる，⑤心から励ます，である。指針はそれぞれ，例えば①は価値観を明確にする・手本を示す，②は未来を思い描く・メンバーの協力を得る，③はチャンスを見つける・実験しリスクをとる，など細目があり大学生がリーダーシップ開発する際に参照するのにはやや困難さを伴

うものである。そのため，日本における大学生のリーダーシップ開発において
は，最小三要素を取り入れている大学も多い。

2.2 PM理論

リーダーシップ開発のためのプロジェクト活動において，チーム活動を分析
する際にはPM理論を活用する。三隅が発表したものでリーダーの行動を「P
機能（Performance）」集団の目標達成を促進することと，「M機能
（Maintenance）」集団が崩壊せずに維持することを目的とする，このPとM,
2軸，4象限で考えるものだ（**図表18-4**）（舘野ほか，2020，p.44）。この2
軸は海外の複数の研究でも見いだされリーダーシップ研究において頑強で不動
の2軸と捉えられている（金井ほか，2004，p.192）

全員発揮のリーダーシップの観点での活用方法はこうだ。チーム編成と同時
にチームビルディングのワークを行った上で，3つの目標を立てる。1つ目は
チームの成果目標P，2つ目はチームの状態目標Mである。成果目標とは成果
として測れるもの，例えば「チーム課題で100点をとる」などだ。状態目標は，
今まで立てたことがないという学生も多いが，チームとしてなりたい理想の姿
を議論する。例えば「意見交換を活発にしている」状態や「互いの弱点を受け
入れている」状態である。チームの活動プロセスにおいて成果を強く求める場
合，状態目標をたてないとチーム状態をないがしろにするケースは多くある。

図表18-4 PM理論によるリーダーの分類

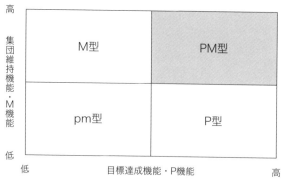

［出所］三隅（1986）に一部追記。舘野・堀尾（2020）p.45

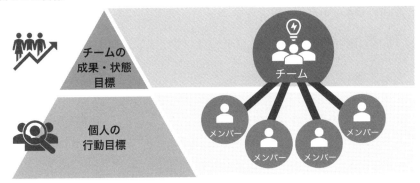

そのような場合，よい成果が出た場合でも「二度と同じチームで活動したくない」といった経験になることもある。

　3つ目は個人目標で，チームで決めた「成果目標」と「状態目標」を実現するために「自分がチームメンバーとしてとる行動」の目標だ。この目標は本人の強みを強化するものである場合や，弱みを克服するものの場合がある。大切な点は，個人の行動目標はチームの成果目標や状態目標につながっていることと，各自チームメンバーにも共有し，互いの目標をメンバーが理解していることだ。それによって，互いの行動に対して独りよがりではなくチームの成果につながっているかを振り返り，適切なフィードバックを行うことができる（**図表18－5**）。

　このPM理論を活用した振り返りはプロジェクト終了後だけでなく，折り返しとなる中間地点で，チームの状態を確認する際にも有効である。後半に向けて軌道修正を行う目的だ。最初に立てた目標を見ながら，現在のチームの状態を成果Pと関係性等の状態Mの視点で振り返る。チームの仲は大変よくみえるが，成果はあまり上がらない（例：よい提案ができていない）場合は左上のM型，他方，成果は出ている（例：質が高くスピード感をもって提案ができている）が，ほとんどのメンバーの満足度が低く二度と同じチームで活動したくないと感じているようなチームの状態は右下のP型である。多くの場合，長期的

な成果が高く，メンバーの満足度も高いのは右上のPM型といわれるが，そのチームが全体のプロセスの中でどうあるべきかは，目的やめざす方向性によって議論が必要である。

2.3 関係性リーダーシップモデル

1.1で述べたように，リーダーシップを他者に与える影響と捉えると，リーダーシップ開発プロセスの焦点の1つは関係性であるといえる。コミベスほか(2017)はこれを関係性リーダーシップモデルで表現した(**図表18－6**)。

①包容的，②権限付与的，③倫理的，④目的，⑤プロセスの5つの主要な要素で構成される枠組みで，現状や成果ではなくリーダーシップのあるべき姿を示すものであるとしている。各要素に含まれる具体的な知識・理解，態度，スキルを示しており，学生が実践行動を確認するのに役立つ内容となっている。(**図表18－7**)

図表18-6 関係性リーダーシップモデル

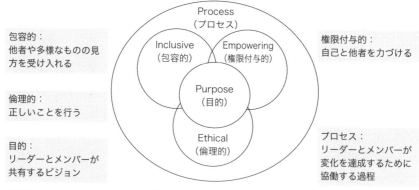

包容的：
他者や多様なものの見方を受け入れる
倫理的：
正しいことを行う
目的：
リーダーとメンバーが共有するビジョン
Process
(プロセス)
Inclusive
(包容的)
Empowering
(権限付与的)
Purpose
(目的)
Ethical
(倫理的)
権限付与的：
自己と他者を力づける
プロセス：
リーダーとメンバーが変化を達成するために協働する過程

[出所] コミベスほか(2018) p.109をもとに作成

Part5 リーダーシップ

リーダーシップ構成要素	Knowing（知識・理解）	Being（態度）	Doing（スキル）
目的思考	● いかに変化が生まれるか ● 変化の核となる要素 ● ミッションやビジョンの役割 ● 共有されている価値 ● 共通の目的	● 希望に満ちている ● 献身的である ● 「できる」という態度 ● 改善することが好き ● 社会的責任を全うしたい	● 目標の確認 ● イメージを描く ● 意味づけを行う ● 創造的思考 ● ビジョン構築に他者を巻き込む
包容的（インクルーシブ）	● 自己と他者 ● 市民性 ● 枠組みと多元的現実	● 相違点への寛容さ ● 公平さに価値を置く ● ウェブ（蜘蛛の巣）のような思考 ● 誰でも変化をもたらすことができると信じる	● 才能を開発する ● 傾聴スキル ● 連携を構築する ● 定義と再定義 ● 礼儀正しい対話
権限付与（エンパワリング）	● 権限とは何か ● いかに方針や手順が権限付与を阻止、または促進するか ● 個人の専門的技能 ● コントロールは不可能	● 個々人それぞれが貢献できる何かを持っていると信じる ● 自己尊重感を持つ ● 他者の成長への関心 ● 他者の貢献に価値を置く ● パワーの共有に意欲を持つ	● 取捨選択のスキル ● 情報の共有 ● 個人とチーム学習 ● 他者を勇気づけ肯定すること ● 能力育成 ● セルフ・リーダーシップを推進 ● 自己再生の習慣
倫理的	● 価値がどのように発達するか ● システムがどのように正義と配慮に影響を及ぼすか ● 自己と他者の価値 ● 倫理的な意思決定モデル	● 社会における責任的行動への専心 ● 立ち向かう行動 ● 誠実さに価値を置く ● 信頼できる ● 真正さ ● 個性を確立する ● 責任感のある ● 高水準に対する期待 ● 自己の利益より、他者の利益を優先する	● 言行一致 ● 信頼して任せる ● 頼りになる ● 勇気を持つ ● 道徳心を持つ
プロセス思考	● コミュニティ ● グループプロセス ● リーダーシップの関係的側面 ● 成果とプロセスを同等に重要とみなす	● プロセスと成果を同等に評価する ● 品質向上への努力 ● システム思考を発達させる	● 協同する ● 内省する ● 意味生成をする ● チャレンジする ● 問題に直面する ● 対立する ● 学習する ● フィードバックを与える（受け取る）

［出所］コミベスほか（2018）p.111をもとに作成

第18章

ビジネス社会で自分を活かすリーダーシップ

3　リーダーシップ開発の仕方と実践の仕組み

　大学生のリーダーシップ開発は授業内外でどのように行うとよいだろうか。
シンプルな学びのサイクルを紹介しよう。

① 　リーダーシップを発揮しなくてはいけない状況に身を置く。
② 　リーダーシップを発揮してみる。
③ 　適切に発揮できたか，周囲の人にフィードバックをもらう。
④ 　フィードバックを参考に自分のリーダーシップの改善目標を立てて周り
　　に宣言する。
⑤ 　①リーダーシップを発揮しなくてはいけない状況に戻る。

　リーダーシップを身に付けるにはこの①〜⑤の学びのサイクルを繰り返すこ
とで実現できる。特に大切なのは③のフィードバックで，振り返りの時間を設
け，メンバー同士でフィードバックを渡し・もらうことで互いのリーダーシッ
プ開発に向けて相互支援を行う。リーダーシップは行動や態度によるところが
大きいため，自分は意図をもって行動し，「できている」と思っている場合に，
他者も「できている」と思うかはわからない。他者がその言動を認識し，影響
について伝えることで，本人が内省し，次のよい行動を生むと考えられている。
　フィードバックは自分の意図どおりのこともあれば，自分からは見えていな
いこともある。ポジティブなこともネガティブなこともあるはずであるから
1. 2で述べた多様な意見や観点の受容が必要になってくる。授業では，第1
回にリーダーシップ目標を立て，全14回の授業内外を通じて実践を行い，中間
や最終回に行動を振り返るデザインであるが，すべての授業回においても毎回，
授業の冒頭で目標を立てる。授業最後には受講生同士で相互にフィードバック
を行い，次回また目標を立て発揮する，学びと実践のサイクルを習慣化する。
リーダーシップもフィードバックも繰り返し行うことでようやく身に付けるこ
とができる。

Aさんへのアドバイス：あらゆる場面を通じて，メンバーとして「チームの成果に貢献する」ためのリーダーシップ（最小三要素）と学びのサイクルを意識して行動する。チーム内で目的と目標を明確にする支援をし，それぞれの個人目標を設定し議論をする。プロジェクトでは大きな目標は明文化されているが，詳細の認識が食い違っていることもある。全員の認識を確認し必要に応じてすり合わせていくことになるだろう。振り返りの際にはPM理論を活用して，達成度合いを議論しチームとしての成果の精度を上げていく。メンバーとリーダーシップの重要性を共有できたら，（**図表18-7**）等を用いてメンバー間で行動への相互フィードバックなども効果的であろう。

4　大学生時代のリーダーシップ開発を最大化するために

　リーダーシップ開発の演習科目においては，個人とクラスの学びの最大化が成果目標である。この成果達成に向けて学生が「目標設定・共有」「率先垂範」「相互支援」などの行動を起こし，学生同士が互いによい影響を与え豊かな学びのコミュニティを作り上げる。学びの質を高める環境づくりには学生1人1人の行動が影響する。リーダーシップ開発にはフィードバックが不可欠であるから，良き学びの相互支援者も欠かせない。一方，リーダーシップ発揮の方法やスタイルは個人それぞれ多様であるはずで，誰かから与えられるものではなく学生時代に自ら考え，自分らしい発揮にむけた自己探究が必要である。大学4年間の学びを豊かにするためにも早く開始するのが好ましい。

　授業の中では期ごとにリーダーシップ持論を考え，他者からフィードバックをもらい持論をアップデートするから，演習科目の履修が修了する頃には持論は1.0が2.0になっているはずだ。また部活やサークル，ゼミナール，インターンシップ，留学などの経験を経て，真にリーダーシップが求められるのは卒業後，Aさんのような場面かもしれない。キャリアを積む中でさらに持論は3.0，4.0と更新されていくだろう。リーダーシップ開発に終わりはなく，それぞれのステージで良き仲間と学びのコミュニティを作ってほしい。まずは大学生としてここから続いていくリーダーシップジャーニーを楽しみ，自分らしいリーダーシップを探求することで，豊かな人生をおくり，社会に貢献することを

願っている。

📖✏️ 練習問題

1　あなたのリーダーシップについてのこれまでの認識とこの章で理解したこととの一致点と相違点をまとめてください。
2　大学時代（日常生活も含む）にあなたがリーダーシップを発揮して成果を出したいことはどのようなことですか？　そのために，どのようなリーダーシップを発揮しますか？　初対面の人にもわかるように説明してください。

📖 参考文献

荒金雅子（2013）『多様性を活かすダイバーシティ経営』日本規格協会
石川淳（2022）『リーダーシップの理論』中央経済社
岩城奈津（2022）「第7章女子大初の必修化」日向野幹也編『大学発のリーダーシップ開発』ミネルヴァ書房
金井壽宏・髙橋潔（2004）『組織行動の考え方』東洋経済新報社
谷口真美（2018）『ダイバシティ・マネジメント―多様性をいかす組織』白桃書房
服部泰宏（2020）『組織行動論の考え方・使い方』有斐閣
日向野幹也（2018）『高校生からのリーダーシップ入門』ちくまプリマー新書
堀尾志保・舘野泰一（2020）『これからのリーダーシップ』日本能率協会マネジメントセンター
Kouzes, J.M. and Posner, B. Z.（1987）*The Leadership Challenge*. San Francisco, CA:Jossey-Bass.（金井壽宏監訳，伊東奈美子訳（2010）『リーダーシップ・チャレンジ』海と月社）
Komives, S.R., Lucas, N. and MacMahon, T.R.（2013）*Exploring Leadership*, Jossey-Bass.（日向野幹也 監訳，泉谷道子・丸山智子・安野舞子訳（2017）『リーダーシップの探究』早稲田大学出版部）

第19章

ビジネス社会の
リーダーシップ開発と心理学

ミニケース　全国規模のチェーン展開をしているカフェでアルバイトを始めたＡ子さんは，女性店長のＢさんがいきいきと働く姿に憧れている。しかし，ほかの店舗の店長はほぼすべて男性である。Ａ子さんは疑問に思ってＢさんに聞いてみると，「女性は出産や育児などで辞めてしまう人が多いので店長になれる人が少ない。会社は育児休業制度の充実や女性のキャリア研修を行っているが，店長などの管理職に就く女性はなかなか増えない」とのことであった。

　Ａ子さんは，将来Ｂさんのように管理職になって仕事でリーダーシップを発揮したいと思っているが，女性には難しいのではないかと悩んでしまった。心理学にＡ子さんの悩みを解決するヒントはあるだろうか。

この章で学ぶこと

● 心理学やその応用分野である社会心理学や産業・組織心理学がビジネス社会で活用されることを理解する。

● 心理学では科学的なアプローチ方法が用いられることを学ぶ。

● 女性がリーダーシップを発揮するために重要なことは何かを考える。

🔑 KEYWORD

　心理学　リーダーシップ開発　女性管理職　ジェンダー

1　心理学とは何か

　心理学とは，心の働きについて科学的なアプローチを行う学問である。心には心の働きの表れとしての行動や意識することができない無意識の側面も含ま

れる。広く深く心に関する事実を明らかにして理解しようとする実証的研究を行う学問が心理学である。心理学の応用分野には，社会心理学や産業・組織心理学があり，その研究がビジネス社会で活用されている。

社会心理学では，個人，集団，社会全体を対象にして，社会における人々の様々な行動を探求している。そのため，対人関係，集団過程，自己概念，対人認知，ステレオタイプなどがテーマとなっている。

リーダーシップに関する研究も多い。例えば，田中（2021）によるリーダーの成長に必要な自己概念やアイデンティティの発達の研究がある。また，渡邊・城間（2019）のNHKの朝の連続テレビ小説に登場する男性の役割の変遷のように身近に感じられる問題も研究テーマである。

産業・組織心理学では，ビジネスの世界をどのように改善していくべきかを解明しようとしている。産業・組織心理学は，組織とかかわりのある人々の行動を調査・分析し問題を考察することによって，人と組織の望ましい関係を見出している。そのため，産業面からは採用と適正配置や能力開発など，また，組織面からは組織と個人の関係性やモチベーションやリーダーシップなどがテーマとなっている。

例えば，有吉ほか（2018）による働くモチベーションに社会貢献感が影響するかどうかや勝木ほか（2019）の企業の管理職が部下への支援的リーダーシップを獲得するプロセスの研究がある。また，近年の課題の1つとして働く女性の問題も取り上げられている。例えば，持田・岡田（2017）のワーキングマザーはどのように仕事と家庭を両立して働いているのかなどの研究がある。

2　心理学と科学的なアプローチ

心理学では，どの分野においても科学的方法を用いることが重視されている。ここでは科学的であることの要件を2つ取り上げる。

第1に，過去の研究に基づいていることである。科学研究は，過去の研究の蓄積の上に行われる。ニュートンが知人にあてた手紙に書いた「巨人の肩の上に立つ」という有名な言葉がある。

If I have seen further it is by standing on the shoulders of Giants.

（私がより遠くを眺めることができているとすれば，それは巨人の肩の上に立っていたからである）

　この文章の巨人とはこれまでの科学研究であり，先行研究と言われる。巨人の肩の上に立ってより遠くを眺めることは，多くの心理学研究の資料を読んでこれまでに何が発見されているのかを知ることである。高いところから景色を見て，自分は何を知りたいのか，課題は何かを考えることが重要である。

　第2に，実験，調査，観察，面接などの方法により質的データや量的データを収集していることである。データとは，目的をもってテーマに基づき収集された情報である。心理学研究は量的研究と質的研究に分けられる。

　量的研究では，データを収集して，統計的なデータ分析を行うことで様々な状況にある心と行動の仕組みについての情報や法則や関係などを解明しようとする。そのため，統計学の勉強が必要である。

　質的研究では，観察や面接により確認された行動やエピソードの言語データを分析対象とする。人の言葉をその背景や文脈や時間的な流れも含めて理解しようとするものである。

3　ケースに学ぶ心理学の分析

　第3節ではミニケースで取り上げた日本企業の女性管理職の少なさに関連する社会心理学，産業・組織心理学を用いた分析の事例を検討する。
　女性管理職が少ない現状を理解したうえで，事例を読んでいきたい。

3.1　日本の女性管理職の現状

　労働政策研究・研修機構（2022）によれば，日本の全就業率に占める女性の割合は44.5％と他国に比べてそれほど低いわけではない。しかし，管理職に占める女性の割合は，日本では13.3％にとどまり，欧米諸国やアジア諸国と比べて，非常に低い状態である。日本の管理職に占める女性の割合は，先進諸国の

215

中で群を抜いて低い（**図表19－1**）。

　また，三菱UFJリサーチ＆コンサルティング（2020）によれば，日本で勤務する正社員の女性非管理職の46.5％が「役職にはつかなくてよい」と回答している。女性非管理職で管理職を目指したいと回答した割合は15.1％にとどまり，男性非管理職（31.1％）と比べて，大きな差がある（**図表19－2**）。

　この２つのデータから，日本の管理職に占める女性の割合は先進諸国の中で群を抜いて低く，女性は男性に比べて役職につきたい人の割合は約半分で大きな差があることがわかる。

3.2　女性の昇進を阻む心理的・社会的要因

　女性の管理職が少ない現状に対して，社会心理学や産業・組織心理学の観点から女性が昇進を拒む理由について検討された事例（坂田，2017）を紹介する。

　社会心理学や産業・組織心理学が，日本企業の女性管理職の少なさに関する問題にどのようにアプローチできるか，分析の仕方に加えて女性管理職の現状や増えない原因や対策についての理解もしてほしい。

図表19-1　就業者および管理職に占める女性の割合

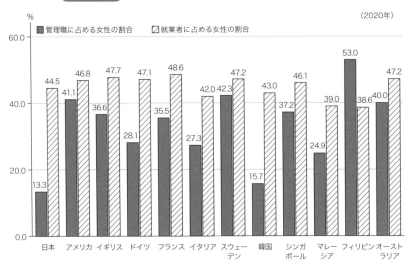

［出所］労働政策研究・研修機構（2022）p.95

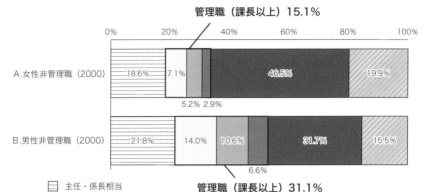

図表19-2 現在の管理職への昇進の意向

管理職（課長以上）15.1%

| A.女性非管理職（2000） | 18.6% | 7.1% | 5.2% | 2.9% | 46.5% | 19.9% |

| B.男性非管理職（2000） | 21.8% | 14.0% | 10.6% | 6.6% | 31.7% | 15.5% |

管理職（課長以上）31.1%

- 主任・係長相当
- 課長相当
- 部長相当
- 役員以上
- 役職にはつかなくてよい
- 役職に就くことが期待できない，あるいは今の役職よりは上がれない管理区分・職種である

［注］構成比（％）は小数点第2位を四捨五入しているため，「管理職（課長以上）」の割合と内訳の合計が一致しない場合がある。
［出所］三菱UFJリサーチ＆コンサルティング（2020）p.3

（1）事例の概要

先行研究

　　①女性の昇進意欲に関する先行研究の知見

　　②ステレオタイプと性差別主義に関する社会心理学研究の知見

本研究

　　③好意的性差別に関する調査の方法

　　④好意的性差別に関する調査の結果・考察

実践的提案

　　⑤女性の昇進意欲を促進するための提案

（2）先行研究

　女性が昇進を拒む理由について，まず先行研究から問題を明らかにしている。

① 女性の昇進意欲に関する先行研究の知見

　女性の現状や就職前や就職後のリーダーへの関心や昇進意欲に関するデータから，女性の昇進意欲は就職後に低くなると考えられた。就職後に女性の昇進意欲が男性よりも低くなる要因は，これまでの研究から，結婚・出産・育児などの女性自身の私生活上の変化（ライフイベント）や職場環境の可能性があると論じられた（坂田，2017，pp.25-31）。

　女性のライフイベントや職場環境の研究から，女性の昇進意欲を高めるための2つの心理的要素が導かれた。第1に，リーダーシップや管理に対する自己効力感や自信が育まれることである。第2に，組織での所属感を得られることである（坂田，2017，pp.33-34）。

　なお，自己効力感とは，成果を生み出すために必要な能力があると自ら信じられることである。所属感とは，ある組織やコミュニティで，自分の貢献は価値あるものとみなされていて受容されたメンバーであるという個人の確信である。

② ステレオタイプと性差別主義に関する社会心理学研究の知見

　次いで，女性の自己効力感や所属感を低下させる要因について，社会心理学の領域で数多く研究されてきたステレオタイプと性差別主義に焦点が当てられた。

　ステレオタイプとは，特定のカテゴリーの人々に対する固定的なイメージや観念である。女性・男性に関するステレオタイプをジェンダー・ステレオタイプという（**図表19－3**）。

　「管理職＝男性的」のジェンダー・ステレオタイプは，女性を「管理職は自分の役割ではない」という気持ちにさせて，組織の管理職やリーダーのポジションに所属感を感じにくくする原因の1つとなっている（坂田，2017，p.38）。また，女性のリーダーシップに関するパフォーマンスの悪化やリーダーシップのモチベーションや自己効力感の低下などの結果を招く可能性があることが実証されている（坂田，2017，p.40）。

　性差別主義の1つである好意的性差別主義とは，伝統的女性役割を受け入れる女性を保護されるべき人とみなす好意的な思想である。例えば，男性が女性

図表19-3 ジェンダー・ステレオタイプ

性別	概念	内容
男性	作動性，道具性	自信，独立，冒険的，支配，強さ，競争など
女性	共同性，表出性	配慮，相互依存，温かさ，養育，従属性，協力など

[注] 作動性は，一人の独立した人間として個人がめざすべき特性。道具性は，生計維持を中心とした役割。
　　　共同性は，他者の関りで個人が目指すべき特性。表出性は，家族の世話や愛情に関与する役割。
[出所] 坂田（2017）p.34を参考に筆者作成

を守るように行動する，女性は男性を完璧にするための良きパートナーである
という考え方などがある。

　好意的性差別は，一見すると女性を崇拝する態度のように見えるが，実際に
は女性を男性よりも弱いものと捉え，母や妻などの伝統的な女性役割に適した
存在とみなすものである。そのため，結局は女性を伝統的女性役割に押し込め，
現在の男女格差を心地よく合理化する働きがある（坂田，2017，p.46）。

（3）本研究

　心理学は科学的であることを説明したが，この事例でも「巨人の肩の上に
立って」女性管理職が増えない理由について注目すべき先行研究を精査してい
る。本研究では，先行研究ですでに実証されていることとそうでないことを明
らかにして，そのギャップを埋めるために必要な研究が発見された。

③　好意的性差別に関する調査の方法

　好意的性差別が女性に及ぼす影響についての研究は，実験研究が多い。実際
の組織ではそれがどのような影響を女性に及ぼしているのかは十分に検討され
ていない点に注目して，日本の様々な業種の企業に勤務する女性正社員200人
を対象に質問紙調査を行った（坂田，2017，p.48）。

　質問紙調査は，対象者に質問を回答してもらうことで，人の意識や行動に関
するデータを収集する。この事例では，インターネットによりデータが収集さ
れるWeb調査が行われた。収集されたデータは統計学的な分析が行われた。
本研究では，量的データが収集されて，統計的分析により量的研究が行われて

いる。

　具体的には，記述統計量や相関係数の分析や好意的性差別経験の効果を検討するための好意的性差別言動経験尺度の因子分析や構造方程式モデリングによる分析が行われた。

④　好意的性差別に関する調査の結果・考察

　以上の分析から，日本の組織においても好意的性差別が女性の自尊心や昇進意欲に与える影響は，これまでに行われた実験研究と同様の結果であり，好意的性差別は女性の昇進意欲を高めるうえで有効な要因ではないことが実証された。好意的性差別は，行為者側に必ずしも女性に対する悪意があるわけではなく，女性の側も差別と認識しにくい性差別である。その危険性が十分に認識される必要がある（坂田，2017，pp.53-54）と考察された。

（4）実践的提案

　最後に，女性の昇進意欲を向上させるための4つの提案が示された。

⑤　女性の昇進意欲を促進するための提案

- 男性的イメージに偏った管理職やリーダーシップのイメージそのものを変えること。リーダーシップ能力を固定的で変えにくいものではなく習得可能なものであると考えることは偏ったイメージの影響を受けにくくする。
- リーダーシップや管理分野での女性の自己効力感を育むこと。
- 女性の自己効力感を育むためにも，適切なロールモデルを活用すること。女性たちがロールモデルと同一視でき，彼女らの成功を自分も達成できるとみなせるようにロールモデルの多様化に留意することが重要である。
- 好意的性差別に相当する行為をなくすこと。

　以上の4点を実現するために，女性の中の多様性を認識し，仕事内容やキャリアの方向性を話し合いによって決めることが重要である（坂田，2017，pp.54-56）。

　この事例では，日本企業の女性管理職を増やすために，心理学を用いて検討された提案が示された。この提案は，企業の女性管理職を増やす施策を考える

ために生かすことができる。心理学は現実のビジネス社会でも実践的に活用される学問である。

4　心理学の勉強の仕方

　第3節では，女性の管理職が増えない要因に関する心理学の研究事例を紹介した。心理学のテーマや疑問は，私たちの周りにたくさんある。興味や関心のあるテーマが見つかったら書籍などで調べてみよう。

　書籍やインターネットからの情報で自主的に勉強する際には，巷にあふれている心理学という言葉がすべて本来の心理学であると捉えてしまわないように注意する必要がある。

　グーグルを用いた「心理学」の検索結果は，約1億8,700万件に及ぶ。心理学の対象は人や心であり親しみやすいために，本や雑誌やインターネット記事を容易に探すことができる。その中には多くの人から関心をもたれやすいような学問的な雰囲気を出すために，タイトルに「心理学」という言葉が使われていることがある。本を読むのであれば，大学図書館にある心理学の本を読むことをお勧めする。加えて，インターネットで参照できる電子ジャーナルやデータベースサービスCiNii Researchなどで検索して関心のあるテーマの資料を読むことで，より心理学の理解を深めることができる。

　また，大学の授業で勉強することもできる。心理学を専攻していない学生でも，心理学の基本は大学の教養教育科目で履修することができるであろう。加えて，心理学では実証的な科学として信頼性の高い価値ある研究結果を得るために，統計的分析が必要とされる。統計学を積極的に学んでほしい。

5　ビジネス社会でリーダーシップを発揮するために

　第3節で紹介した心理学の研究事例では，女性のリーダーシップを開発するために，リーダーシップを習得可能と考えるマインドセットや自己効力感を高めることやロールモデルの存在の重要性が述べられた。

221

　共立女子大学のリーダーシップ開発プログラムは，リーダーシップは訓練次第で身に付けることができるという考えに基づいている。授業では演習を行う中でリーダーシップを発揮する経験を重ねることができるため，自己効力感が育まれる。加えて，上級生がラーニング・アシスタントとして学びを支援し，身近にロールモデルが存在している。

　このプログラムを好意的性差別主義の弊害の少ない女子大学の環境において経験することにより，ジェンダー・ステレオタイプから脱却して本来の自分らしいリーダーシップを発揮することができるようになるであろう。

　さらに，リーダーシップは経営学などの授業においても勉強できる。様々な枠組みでリーダーシップを理解することは，将来ビジネスの世界で活躍するときに必ず役に立つであろう。ぜひ積極的に授業に取り組んでほしい。

練習問題

1　自分や他者の心や行動に関して心理学を活用して考えたいテーマをあげて，そのテーマに関する書籍または資料を読んで概要を説明してください。
2　リーダーシップを発揮していると感じる女性は，どのような点で優れたリーダーシップを発揮しているか，なぜ発揮できているのかを分析してください。

引用・参考文献

有吉美恵・池田浩・縄田健悟・山口裕幸（2018）ワークモチベーションの規定因としての社会的貢献感：トラブル対応が求められる職務を対象とした調査研究『産業・組織心理学研究』32（1），pp.3-14

勝木亮太・石村郁夫（2019）部下に対する支援的なリーダーシップの獲得過程『産業・組織心理学研究』32（2），pp.115-126

坂田桐子（2017）「第1章女性の昇進を阻む心理的・社会的要因」大沢真知子編著日本女子大学現代キャリア女性研究所編『なぜ女性管理職は少ないのか—女性の昇進を妨げる要因を考える—』青弓社，pp.25-64

田中堅一郎（2021）自己概念から考えるリーダーシップ：リーダーの多面的自己概念と発達に関する心理学的研究，風間書房

三菱UFJリサーチ＆コンサルティング（2020）https://www.murc.jp/wp-content/uploads/2020/05/seiken_200525.pdf（2022年9月30日現在）

持田聖子・岡田昌毅（2021）総合職ワーキングマザーの仕事と家庭の両立方略と働き方の変容プロセス『産業・組織心理学研究』34（2），pp.147-163

労働政策研究・研修機構（2022）『データブック国際労働比較2022』https://www.jil.

go.jp/kokunai/statistics/databook/2022/03/d2022_G3-3.pdf（2022年 9 月30日現在）
渡邊寛・城間益里（2019）NHK連続テレビ小説に表れる男性役割：時代的な変遷，
　登場人物の年代，女性主人公との関係性による差異『社会心理学研究』34（3），
　pp.162-175

ビジネス社会のリーダーシップ開発と心理学

［編著者紹介］

植田　和男（うえだ　かずお）

　　共立女子大学ビジネス学部学部長・教授。東京大学名誉教授。

　　1951年生まれ。1974年，東京大学理学部卒業。1980年，マサチューセッツ工科大学経済学博士。ブリティッシュコロンビア大学経済学部助教授，大阪大学経済学部助教授，東京大学経済学部教授を経て，共立女子大学ビジネス学部教授に。1998年―2005年，日本銀行政策委員会審議委員。

　　著書に『国際マクロ経済学と日本経済―開放経済体系の理論と実証』（東洋経済新報社。サントリー学芸賞，日経・経済図書文化賞受賞），『大学4年間の金融学が10時間でざっと学べる』（KADOKAWA）など。

荒井　弘毅（あらい　こうき）

　　共立女子大学ビジネス学部教授。

　　1966年生まれ，1990年，早稲田大学政治経済学部卒業。2005年，博士（経済学）（大阪大学）。公正取引委員会事務総局，大阪大学社会経済研究所助教授，准教授，秀明大学総合経営学部教授を経て，共立女子大学ビジネス学部教授に。2008年―2011年，公正取引委員会経済調査室長。

　　著書に『独占禁止法と経済学』（大阪大学出版会），『米国競争政策の展望―実務上の問題点と改革の手引き』（共訳，商事法務）など。

［執筆者紹介］

植田　和男（うえだ　かずお）　　　　　　　　　　　　　　はじめに，第14章
　　　編著者紹介参照

葛西　和廣（かさい　かずひろ）　　　　　　　　　　　　　　　　　第1章
　　　共立女子大学 ビジネス学部ビジネス学科　教授

中山　健（なかやま　たけし）　　　　　　　　　　　　　　　　　　第2章
　　　共立女子大学 ビジネス学部ビジネス学科　教授

大川　洋史（おおかわ　ひろふみ）　　　　　　　　　　　　　　　　第3章
　　　共立女子大学 ビジネス学部ビジネス学科　准教授

大木　裕子（おおき　ゆうこ）　　　　　　　　　　　　　　　　　　第4章
　　　共立女子大学 ビジネス学部ビジネス学科　教授

小川　宏幸（おがわ　ひろゆき）　　　　　　　　　　　　　　　　　第5章
　　　共立女子大学 ビジネス学部ビジネス学科　教授

野沢　誠治（のざわ　せいじ）　　　　　　　　　　　　　　　　　　第6章
　　　共立女子大学 ビジネス学部ビジネス学科　教授

藤野　明彦（ふじの　あきひこ）　　　　　　　　　　　　　　　　　第7章
　　　共立女子大学 ビジネス学部ビジネス学科　教授

東　利一（ひがし　としかず）　　　　　　　　　　　　　　　　　　第8章
　　　共立女子大学 ビジネス学部ビジネス学科　教授

飯島　聡太朗（いいじま　そうたろう）　　　　　　　　　　　　　　第9章
　　　共立女子大学 ビジネス学部ビジネス学科　専任講師

金城　敬太（きんじょう　けいた）　　　　　　　　　　　　　　　第10章
　　　共立女子大学 ビジネス学部ビジネス学科　准教授

武田　和夫（たけだ　かずお）　　　　　　　　　　　　　　　　　第11章
　　　共立女子大学 ビジネス学部ビジネス学科　教授

福澤　恵二（ふくざわ　けいじ）　　　　　　　　　　　　　　　　第12章
　　　共立女子大学 ビジネス学部ビジネス学科　准教授

小泉　友香（こいずみ　ゆか）　　　　　　　　　　　　　　　　　第13章
　　　共立女子大学 ビジネス学部ビジネス学科　准教授

南波　浩史（なんば　ひろし）　　　　　　　　　　　　　　　　　第15章
　　　共立女子大学 ビジネス学部ビジネス学科　教授

荒井　弘毅（あらい　こうき）　　　　　　　　　　　　　　　　　第16章
　　　編著者紹介参照

張　采瑜（ちょう　さいゆ）　　　　　　　　　　　　　　　　　　第17章
　　　共立女子大学 ビジネス学部ビジネス学科　准教授

岩城　奈津（いわき　なつ）　　　　　　　　　　　　　　　　　　第18章
　　　共立女子大学 ビジネス学部ビジネス学科　准教授

森　理宇子（もり　りうこ）　　　　　　　　　　　　　　　　　　第19章
　　　共立女子大学 ビジネス学部ビジネス学科　専任講師

ビジネス学への招待

2023年4月5日　第1版第1刷発行

編著者	植　田　和　男
	荒　井　弘　毅
発行者	山　本　　　継
発行所	㈱中 央 経 済 社
発売元	㈱中央経済グループ パ ブ リ ッ シ ン グ

〒101-0051　東京都千代田区神田神保町1-31-2
電話　03 (3293) 3371 (編集代表)
03 (3293) 3381 (営業代表)
https://www.chuokeizai.co.jp
印刷／三 英 印 刷 ㈱
製本／㈲ 井 上 製 本 所

© 2023
Printed in Japan

ベーシック＋ プラス
Basic Plus

いま新しい時代を切り開く基礎力と応用力を兼ね備えた人材
が求められています。

このシリーズは，各学問分野の基本的な知識や標準的な考え
方を学ぶことにプラスして，一人ひとりが主体的に思考し，
行動できるような「学び」をサポートしています。

ベーシック＋専用HP

教員向けサポート
も充実！

中央経済社